吉林大学哲学社会科学普及读物

THE STORYTELLING
TREASURES

THINGS ABOUT CULTURAL RELICS
CONSERVATION

国宝有故事

如何保护那些宝贝儿

刘爽 著

社会科学文献出版社
SOCIAL SCIENCES ACADEMIC PRESS (CHINA)

本书的出版得到了吉林大学哲学社会科学普及项目

及考古学科"双一流"建设项目的资助,

特此致谢!

序 言

　　盛世兴藏。随着我国政治、经济等各方面实力不断增强，建设文化强国的呼声越来越高，对传统文化遗产的保护利用和传承发展也逐渐受到各级政府及广大人民的重视，博物馆及历史名胜古迹成为游客最感兴趣的网红打卡地，文旅融合作为新时代的新业态一跃成为新的经济增长点……由此也引发了人们对文物保护的更多思考和讨论。例如，文物保护由谁来做，文物保护对象及其特征，文物保护秉持什么样的科学理念，文物保护遵从的法律法规及行业规范有哪些，文物保护的边界在哪里，文物保护和利用、传承、发展的辩证关系，文物的最佳归宿在哪里，等等。 本书基于以上对文物保护的常见疑问，探讨新形势下我国文物保护的制度与规范、外延与内涵、主体与客体、特性与价值，以及常见的文物病害、成因及一般的处理方法等，希望通过专业性的解答为初涉文物保护的相关人员及对文物保护感兴趣的读者提供一份便捷直观、生动具体、丰富多彩的答卷。

据统计，截至 2024 年，中国的博物馆数量已达 6833 家，而从业人数仅 20 万人左右，平均每家博物馆约 30 人，这样的体量和规模远远满足不了作为世界遗产大国和文化遗产保护强国建设目标的需要。文物保护是贯穿文博工作始终的排头兵，肩负着无比重要的历史责任和使命。2024 年国际博物馆日的主题是"博物馆致力于教育和研究"，向广大公众普及文物保护基础知识更是责无旁贷。

有鉴于此，我们积极推动此书的出版。本书的内容源自作者在高校 30 年的文物保护教学实践，涉及文物保护内容的方方面面，如理论与实践、无机质地和有机质地文物保护、不可移动文物保护、博物馆环境控制、文物检测分析技术等。全书宗旨是以文物保护为核心，利用国家发布的标准术语和新政策、新理念、新成果，围绕人们普遍关心的文物保护课题展开探讨，并通过典型案例的讲解介绍常见 保护技术、最佳保存环境、整理操作规范、日常养护、考古发掘现场保护、水下文物保护等，强调从文物保护的视角看文物，相关的文物定义、分类及特性都是为文物保护主题服务，其中不乏作为多年文物保护一线教育工作者的认真思考和创见。当然，学术成果日新月异，我们还需要不断更新进步，以开放的精神踏歌前行、与时俱进。

我们认为，文物保护的核心在于首先按照材质进行分类，总结各类文物的共性及保存要求，阐明文物病害现象，解释病害原因，从而对症下药，提供一套全面考察综合分析文物保护课题的思路和方法，因此是非常难能可贵的。在具体授课中，我们按照从易到难、从简单到复杂、从无机到有机的顺序进行；在保护内容上，分析文物组成结构、劣变现象、劣变机理、保护的一般步骤及最佳保存环境等；检测分析技术围绕文物材质形貌、成分、结构及制作工艺，概述常用分析方法、原理、优缺点及应用范围等。

为了达到普及教育的目的，本书以深入浅出的语言介绍了文物保护中最基础、最典型的 100 个问题，是了解文物保护知识直接、有效的科普读物，有助于对文物保护基本概念、原则和制度等专业知识的理解和学习，是《文物保护概论》的姊妹篇，也是文物保护教育教学工作的得力助手。希望本书的出版在一定程度上推动文物保护教育事业的发展和进步。感谢吉林大学为本书出版提供的支持，感谢社会科学文献出版社陈凤玲、宋淑洁编辑为本书付出的辛劳。期望抛砖引玉，并就教方家。

刘爽

2024 年 5 月 25 日

于吉林大学正新楼

- 目录 -

一　问诊国宝

一　问诊国宝

圆明园赋

万园之园圆明园，巍峨屹立在东方，

绵延逶迤万千顷，九曲洄环胜天堂。

江南水乡园中藏，异域风光不寻常，

雕梁画栋似仙乡，中西合璧神飞扬。

出世蛟龙遭虾炉，英法联军逞豪强，

懦弱当局仓皇去，国门大开城无防；

烧杀劫掠肆意为，稀世珍宝皆遭殃，

贪婪匪徒聚敛忙，重器从此各一方。

为掩罪恶愈弥彰，火烧圣园逆天纲，

熊熊烈焰冲天亮，群山掩泣云哀伤，

风华绝代随风去，空留断壁诉衷肠。

中华儿郎须牢记：血雨腥风不能忘，

一言难尽屈辱史，孱弱难敌众强梁！

国之重宝遥相望，殷殷期盼归故乡，

磨炼臂膀筋骨壮，他日振翼美名扬！

1

文物常见病害

　　文物病害现象林林总总，根据文物种类不同、病害机理不同，各有特点，不胜枚举，本书只能列举一二。

　　金属器：残缺、断裂、裂隙、变形、层状堆积、孔洞、瘤状物、表面硬结物、矿化、点腐蚀、缝隙腐蚀、全面腐蚀。

　　彩绘陶：龟裂、起翘、空鼓、脱落、变色、剥落、残断、变形、泥土附着物、硬结物、盐结晶、其他附着物、裂纹、裂缝、酥粉、刻画、植物损害、动物损害、微生物损害。

　　瓷器：毛边、惊纹、冲口、裂缝、破碎、缺损、伤釉、伤彩、侵蚀、附着物、生物损害、盐析。

　　壁画：起甲、泡状起甲、粉化、颜料层脱落、点状脱落、疱疹状脱落、龟裂、裂隙、划痕、覆盖、涂写、烟熏、盐霜、酥碱、空鼓、地仗脱落、水渍、泥渍、动物损害、植物损害、微生物损害。

　　纸质文物：水渍、污渍、皱褶、折痕、变形、断裂、残缺、烟熏、炭化、变色、粘连、微生物损害、动物损害、糟朽、絮化、锈蚀（铁钉）、断线（线装书）、书脊开裂；写印色料脱落、晕色、褪色、字迹扩散、字迹模糊、字迹残缺等。

　　2006 年以前，我国文物保护领域对包括文物病害现象在内的许多术语表述和应用多不规范，自 2007 年全国文物保护标准化技术委员会颁布首批 9 项行业技术标准以来，至今已有近百项行业标准正式施行，大部分材质文物病害现象都有标准术语和图示，要求在制订和实施文物保护修复方案时统一使用。

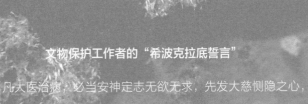

文物保护工作者的"希波克拉底誓言"

凡大医治病，必当安神定志无欲无求，先发大慈恻隐之心，誓愿普救含灵之苦。若有疾厄来求救者，不得开（问）其贵贱贫富长幼妍媸怨亲善友华夷愚智，普同一等皆如至亲之想。[1]

——选自中国古代名医孙思邈《备急千金要方》

2

文物病害的全面分析

分析文物的病害原因主要从四个方面入手：材质组成、制造工艺、历史年龄、保存环境（自然因素和人为因素）。文物的病害主要是这几方面因素综合作用的结果。

（1）材质组成

事物的变化是由内因和外因共同作用的结果，其中内因起主导作用。在文物的损毁过程中，起主导作用的内因即文物的材质组成。尽管组成文物的材料多种多样，但只要是物质，就是由基本粒子分子、原子或离子构成的，具有相应的物理性质和化学性质，会发生物理变化和化学变化。

（2）**制造工艺**

除了材质外，制造工艺对文物的存世状态也有着直接的影响。例如，越王勾践剑在地下埋藏两千多年，出土时乌黑光亮没有锈蚀，光谱分析其表面层为含铬的氧化物，可以推测其制作时经过了铬酸盐浸煮的防腐处理。

（3）历史年龄

文物的存世时间越久，通常残损腐蚀得越厉害。判断文物历史年龄的方法叫作文物的断代，通常除了传统的通过形制、纹饰、铭文、题款等"标准"进行类比外，还可以利用物质的物理性质和化学性质等自然属性，应用现代先进的年代测定技术，如碳十四测年法、热（光）释光等，确立文物精确的存世时间标尺，其中，选择有代表性的样品以及确定"计时零点"是实验技术的关键所在。

（4）保存环境

第一是保存环境的自然因素。

造成文物损毁的自然因素包括自然灾害和一般环境因素。自然灾害指的是火山喷发、地震、洪水、山崩、海啸、雷击等。在这些大型突发性的自然灾害面前，人的力量过于渺小，当最基本的生命财产尚难保全时，文物的命运更是岌岌可危。灾难给我们教训，使我们增长经验改进工作。比如，博物馆选址尽量避开自然灾害多发地区，博物馆建设要考虑防震、防洪、避雷性能，收藏、展陈设计要有防震、防滑措施，等等。

一般环境因素指的是温度、湿度、光照、空气污染、生物作用等。一般环境因素受地球自转、公转及人类活动影响，一天早、中、晚的温度和湿度波动，春、夏、秋、冬四季变换，雨、雪、冰、霜、雾霾、烟尘，等等，无时无刻不在发挥着潜移默化的作用，日积月累，日久天长，它们的影响力不可小觑。

第二是保存环境的人为因素。

人类的勤劳和智慧创造着无尽的财富和珍宝，同时由于贪婪自私、仇恨偏狭、无知短视、急功近利等原因，通过发动战争、煽动暴乱、盗窃走私等毁掉的文物也不计其数，其短期内造成的破坏远远超过自然环境千百年累积的结果，正可谓"人祸之大，罄竹难书"。近现代以来，环境污染、挖山采矿、不科学的管理和不当的操作以及大型水利工程修建等对文物造成的损害亦不少。

3

水下文物常见病害

受复杂的水域环境中物理（饱水、高压、温差、泥沙冲刷掩埋、水流搬运等）、化学（高盐、氧差原电池反应等）和生物（水生动植物）因素交叉作用的影响，水下文物常见的病害类型为盐析、凝结物包裹、生物沉积、变形严重等，保护的难点包括如何完好无损地起取（尤其是脆弱材质及大体量文物）、防止出水时的环境突变、脱盐及脱盐终点的判定、去除凝结物、沉船保护、木材酸化及脱水定型、大型水体原址保护及监测等。

4

青铜病

青铜病 (bronze disease) 是指青铜器在氯化物、氧气和水的作用下生成有害锈，器壁有点状、发泡状、浅白绿色粉末状锈蚀物滋生，能够发展蔓延，最终会导致器物穿孔、粉化乃至崩毁，此病害具有传染性。

青铜病之所以能够造成比较严重的后果，就是因为青铜器在氯化物、氧气和水的作用下生成有害锈——以碱式氯化铜为主，其结构疏松体积膨胀，并可重复进行循环反应，从而导致器物产生一系列劣变现象，必须尽快进行保护处理。

由此可知，环境中的氯化物是导致青铜病产生的根本原因。盐和盐酸是最常见的氯化物，它们广泛分布于自然界的土壤、空气、水（海水、雨水、地下水）以及人的汗液中。而在四川的一些地区，由于土壤中不含有氯化物，其出土的青铜器就未受到青铜病的侵扰。

青铜器在氯离子的作用下形成腐蚀的循环反应如下。

铜 + 氯离子 → 氯化亚铜（灰白色蜡状，活性很强）

氯化亚铜 + 水 → 氧化亚铜（红棕色）+ 盐酸

氧化亚铜 + 二氧化碳 + 氧气 + 水 → 碱式碳酸铜（蓝色、绿色）

氧化亚铜 + 盐酸 + 氧气 + 水 → 碱式氯化铜（浅绿色粉状）

氯化亚铜 + 氧气 + 水 → 碱式氯化铜 + 盐酸

铜 + 氧气 + 盐酸 → 氯化亚铜 + 水

因为有害锈在形成初期是极为微小的纳米级颗粒——略近于球形，直径为 0.8~1.2nm，这种微小粒子基本可以摆脱重力的作用而随气流到处活动，因此表现为青铜病具有传染性。

无论环境是酸性、碱性还是中性，生成的氯化亚铜和氯离子都比较活泼，容易发生腐蚀循环反应，这就是一旦引发青铜病的环境条件形成，该病能够迅速蔓延的主要原因。

由于氯化物是导致青铜病产生的根本原因，所以青铜器保护工作中一个重要环节就是去除氯离子，而且要坚决杜绝在操作过程中引入氯离子。具体注意事项如下。

（1）不要用手直接接触器物，因为手上的汗液含有氯化钠（食盐），因此接触器物时要戴手套。

（2）不要用自来水清洗器物，因为自来水中的漂白粉是次氯酸，要用蒸馏水或去离子水。

（3）不能使用盐酸处理青铜器（包括铁器、银器），其他强酸也不适用，要使用弱酸，如柠檬酸、鞣酸、醋酸、甲酸等。

5

黑（绿、灰）漆古

黑（绿、灰）漆古是对高锡青铜器（锡含量≥17%）表面一层黑亮或绿亮、灰亮似漆的特殊腐蚀层的称谓，这类腐蚀层形成致密、光滑、泛蜡光的地子，对青铜器有一定的保护作用，而且古朴美观，非常悦目，是年代久远的象征，深受人们的喜爱。

黑漆古或绿漆古大多出现在战国和汉唐时期的铜镜之上，在春秋战国时期的兵器，先秦的卣、壶、尊等容器，以及战国和秦汉的印章等铜器上也偶尔有见。这些文物多出土于内蒙古、新疆等地，其成因与埋藏环境有关，其中地下腐殖酸千百年的长期作用是青铜器表面形成各色漆古的主要原因。分析表明，漆古的主要成分是锡的氧化物，还含有一定量的铜的氧化物、铜盐、硫化铅等，呈结晶状态的锡的氧化物在青铜器的表面形成致密的锈层。实验发现，形成黑漆古的适宜环境为 $5 < $ pH 值 ≤ 8。

6

锡疫

　　锡金属有两种同素异形体——白锡和灰锡，通常所说的锡是指分子结构具有四方晶格结构的白锡，其密度为 $7.28g/cm^3$，灰锡具有立方结构，密度为 $5.75g/cm^3$。当温度低于 18℃时，白锡有向灰锡转变的相变趋势；当温度低于 13.2℃时，白锡开始向灰锡转变；当温度处于 −4℃以下时，白锡会完全变成性质脆弱的粉末状灰锡，这种现象叫"锡疫"，它是古代锡器流传至今较少的主要原因。

7

流泪的玻璃

玻璃为非晶质体，自然界中天然形成的玻璃有玻璃陨石和火山玻璃（如黑曜岩、玄武玻璃）。人造玻璃是由石英砂、石灰石（或铅、镁、铝、钡矿物）、助熔剂（苏打或草木灰）等混合后在高温（800℃～1000℃）下熔融而成的非结晶态硅酸盐。一般认为，人造玻璃起源于冶铜或陶瓷生产，是高温技术的副产品。我国古代玻璃出现于西周末春秋初（公元前1000～前800）。在西周中期，由于炉温不高，只是形成表面有玻璃光泽的石英粉烧结体，今称之为"釉砂"，考古界常称之为"料器""琉璃"。通常被称为"料珠""料管"等小件饰物在不同历史时期是用不同质地的材料烧制成的，在西周早期，这种材料是硅酸镁玉石（如蛇纹石和透辉石等）；在西周中晚期是人工制造的釉砂，即由石英砂和少量助熔剂（如草木灰）高温烧结而成，90%以上是石英粉烧结体，含有少量玻璃相。随着炉温逐渐升高，玻璃相的成分提高，成为玻砂（flint），但它们都不是真正的玻璃。我国中部地区在春秋以后才有玻璃珠，包括镶嵌蜻蜓眼的玻璃珠的出现。我国中原地区制造的玻璃以铅钡玻璃为主要特征，南方有的地区以草木灰为助熔剂烧制的玻璃以高钾低镁为主要特征，而古印度地区的古玻璃以钾钙玻璃和钠钙玻璃为主要特征。

　　所谓的"玻璃病"，指的是出土的古代玻璃器物常常已失去透明的质地，表面像蒙上一层微白色浑浊薄层或淡红色的虹膜。这是由于古玻璃制品含有较多游离的、具有吸湿性的碱性物质，在地下埋藏环境中水分子的侵袭作用下而流渗到器物表面，从而加速腐蚀而形成的。

　　因为玻璃中可溶的钾、钠离子在潮湿环境中与水作用析滤出氢氧化钾、氢氧化钠，它们与空气中的二氧化碳反应生成了易吸湿潮解的碳酸钾、碳酸钠，这些化学物质在玻璃表面形成水滴，像流泪一样，玻璃病的英文名称为weeping glass，直译是"流泪的玻璃"。日积月累，玻璃表面就会出现细小裂纹，失去透明度，变成乳白色或灰色的浑浊体，最后变得脆弱易碎，有的甚至呈鳞片状剥落，如果在出土时不加以现场保护，很容易因为温度、湿度、气压、空气成分等环境因素骤变而炸裂成碎片。

8

秦始皇兵马俑
表面彩绘褪色的原因

秦始皇兵马俑刚出土时是有彩绘的，其彩绘底层为生漆，生漆对外界环境的变化高度敏感，因此，秦始皇兵马俑出土后彩绘层很快发生起翘和卷曲，造成整个彩绘层脱落。以生漆为底层的彩绘陶质文物保护在当时是一个世界性的难题。

1987 年，秦始皇兵马俑博物馆与德国巴伐利亚州文物局合作，开始对彩绘保护技术进行系统研究。经过 10 多年的艰苦攻关，首先发现秦始皇兵马俑彩绘是由底层的生漆和颜料层构成的，在有确切出土地点和年代的秦俑上，发现了紫色硅酸铜钡颜料，在此基础上，首次用激光全息摄影技术对彩绘机理和加固保护效果进行研究和评估，采用聚乙二醇与聚氨酯乳液和单体渗透－电子束辐射聚合两套保护方案对秦俑彩绘进行保护，有效保护了一批新出土的珍贵彩绘陶俑，不但使以后出土的秦俑保留彩绘成为可能，也为保护我国其他地区出土的古代漆底彩绘提供了技术支持。这一研究成果获得国家科学技术进步奖二等奖。

9

壁画为什么会"黑脸"？

一般情况下，壁画画面层所用的含铅颜料，如白色的铅白（碱式碳酸铅）和红色的铅丹（四氧化三铅），在水和氧的作用下生成褐色的二氧化铅，使原来为白色或者红色、粉红色的画面变成棕褐色或黑色；红色的朱砂也能够转化成黑色的辰砂；此外，空气中的二氧化硫和硫化氢使含铅颜料变成黑色的硫化铅，从而造成壁画人物出现"黑脸"现象。还有一种特殊情况，是颜料中黑色的二氧化锰为链球菌提供丰富的锰金属营养源，造成链球菌－霉菌污染，使颜料层粉化、脱离乃至缺失，不过，这种情况可使用贴敷阿莫西林的方法杀灭附着在黑色二氧化锰覆盖物上的链球菌，从而改善壁画变色褪色的现象。

10

皮革文物的"红粉病"

　　常见的皮革类文物是用牛、马、羊、猪、狗等动物的皮，经物理及碱、酸等化学制剂的鞣制、加脂等多道工艺处理加工而成。皮质属天然高分子化合物，由皮胶原蛋白质、蛋白质和少量的脂肪组成，其主要成分皮胶原蛋白质由原纤维、网状纤维、弹性纤维和生胶纤维组成的网状组织构成。除蛋白质外，皮革还有大量维持其弹性的水和油脂等物质。当皮革质地文物在长期的保存中失去了一定量的水和油脂物质时，就会变得僵硬，易脆、易裂。经加工去掉毛的皮质文物表面会留下许多毛囊的小孔（包括汗腺孔、脂腺孔），具有多孔性、柔韧性和透气性等结构特征。

　　"红粉病"指的是露置于不良环境中的皮革文物出现变红粉化的现象，这是由于空气中的污染气体二氧化硫在一定的化学条件下会形成硫酸，侵蚀皮革有机质，从而使有机质碳链结构降解粉化，皮革中的微量铁离子也起到催化剂的作用，加速了腐蚀反应，并使劣变产物呈红色，这种情况可用乳酸钾溶液擦拭去除。

11

金属文物腐蚀

金属文物腐蚀的本质，是金属原子失去了外层电子变成阳离子的过程，即发生了氧化还原反应。影响金属腐蚀的因素有金属本身材质和环境介质两个方面。就金属本身材质来说，金属原子属性越活泼，就越容易失去外层电子而使金属本身被腐蚀。有些金属如铬、铝等的化学属性，虽然比较活泼，但因其和氧气发生化学反应使表面生成致密的氧化物薄膜，使金属发生钝化，阻止了其进一步氧化，从而保护了内层金属不再被腐蚀。如果金属中能导电的杂质不如该金属活泼，则容易使金属发生电化学腐蚀。环境介质对金属腐蚀的影响也很大，金属处于潮湿的空气中，或者接触腐蚀性气体或电解质溶液，都容易被腐蚀。因此，要注意金属文物保存环境的洁净和干燥。

由于接触的介质不同，金属发生腐蚀的情况也不同，一般可分为化学腐蚀和电化学腐蚀。

（1）化学腐蚀

金属和接触到的物质（如氧气、氯气等）直接发生化学反应而引起的腐蚀叫化学腐蚀。这类反应比较简单，仅仅是金属跟氧化剂之间的氧化还原反应。例如，铁与氯气直接反应而被腐蚀，等等。

（2）电化学腐蚀

不纯的金属与电解质溶液接触时，会发生原电池反应，比较活泼的金属原子失电子而被氧化，钢铁在潮湿的空气中所发生的腐蚀是电化学腐蚀最突出的例子。

在复杂的地下埋藏环境中，金属被腐蚀通常是化学、电化学和细菌腐蚀交叉作用、协同增效的结果。

12

解释金属质地文物腐蚀现象的
基本原则是什么？

（1）能量越低越稳定原则

金属本身与其腐蚀产物所构成的系统始终具有向最低能量状态，即最稳定状态转化的趋势。

（2）活泼金属牺牲原则

两种金属元素在溶液中相遇，化学属性活泼的金属失电子被溶解，化学属性不活泼的金属得电子处于金属状态。常见金属的活泼性从大到小依次为：铝→锌→铁→锡→铅→铜→银→铂→金，因此，常见金属文物按其金属元素活泼性大小排列依次为：铁器→锡器→铅器→青铜器→银器→金器。

金属文物防护的方法很多，目的只有一个，就是尽量使金属本体保持稳定，阻断使其劣变的化学或电化学反应，例如可以采用涂膜或表面钝化等方法使金属与环境介质隔离，或采用电化学阴极保护法牺牲阳极，还原金属，从而延缓腐蚀反应发生，等等。

13

青铜器"何尊"的秘密

　　"何尊"是 1965 年在陕西宝鸡出土的西周早期青铜器。出土时被锈层和泥土覆盖，很难看出原貌。1975 年，在出国送展前，对它进行了保护处理。

　　首先用机械法剔去有害锈，在局部去锈的过程中意外地发现在器底上有铭文，之后使用硫酸和重铬酸钾配制的去锈剂在铭文所在位置做局部处理，发现了 12 行 122 个有重要历史价值的铭文。该铭文记载的是周成王五年（公元前 1038）对宗族小子何的训诰，并谈到武王灭商和武王、成王相继营建成周洛邑之事，是西周初期一篇极为重要的历史文献，可与《尚书·召诰》相互印证，其中"宅兹中国"为"中国"一词最早的文献纪录。

　　经局部去锈后，又应用氧化银法封闭局部有害锈部位，并对整个器物用苯并三氮唑缓蚀封护。

　　何尊的案例说明文物保护是对文物的第二次挖掘，可以揭示其隐藏的价值。但是，当时在做保护处理时使用的硫酸是强酸，不应用于青铜器文物保护；氧化银法引入新的金属离子，严格地说没有遵循"不改变文物原状"的要求。

14

作册般鼋保护的技术进步

作册般鼋是国家博物馆的藏品，通长 21.4 厘米，锈蚀严重。经检测，其铭文上整个覆盖的锈蚀物以无害锈碱式碳酸铜为主，在展现铭文的过程中应尽可能予以保留。用甲酸作局部去锈剂，参照 X 光片上铭文所在的位置，以单字为单位进行局部锈蚀软化。操作步骤如下：用医用棉球蘸少许 1% 的甲酸试剂敷在铭文所在的锈蚀表面 5 ~ 10 分钟，观察棉球颜色，待其呈蓝色后去除，用已配置好的弱碱溶液及时中和器物上残留的氢离子后，以蒸馏水反复清洗至 pH 为中性。当字口似隐似现时转为机械除锈。

局部多处点蚀状浅绿色锈蚀，经检测含有大量氯离子，为有害锈，在彻底剔除后，用 1% 的 BTA 溶液将整器浸泡 96 小时，最后封护。

与何尊相比，作册般鼋保护技术的进步之处有三点，首先体现在没有使用对青铜本体具有破坏性的强酸——硫酸溶液去锈；其次，作册般鼋铭文的发现及去锈过程更具先进性和主动性，通过 X 光片提前预知厚重锈层下的铭文位置，在铭文部位去锈时比照 X 光片进行有的放矢的谨慎操作；最后，对于点蚀部位的处理没有采用会引进新离子的氧化银法，而是在剔除锈蚀干净后直接缓蚀封护。这两件国宝级青铜器的修复从某种程度上代表了当时我国文物保护技术的最高水准。通过对这两次前后相隔约三十年的文物修复过程的对比，可以看出我国在青铜器文物保护领域技术的发展历程，后者比前者更加科学、精准、谨慎。

15

沧州铁狮子的保护经历

关于民间四宝，有谚语云："沧州狮子应州塔，正定菩萨赵州桥"，沧州铁狮子即传说中的"民间四宝"之一，对它的保护修复之路是一段充满风雨坎坷的经历，也是一个典型的保护性破坏的案例。

铁狮子又名"镇海吼"，铸造于五代后周广顺三年（953），它是为了震慑海啸而由544块生铁分节叠铸而成，重达30吨，是世界上最大的铁铸狮子艺术珍品，充分表明了在1000多年前我国的铸铁冶金技术已达到很高的水平。1961年它被列为首批国家重点保护文物。1000多年来，它饱经风霜，仍岿然屹立，而到了现代，对它不科学的保护造成它如今锈迹斑斑、伤痕累累，面临粉身碎骨的危险。铁狮子粗壮的四肢现已裂纹纵横、摇摇欲坠，不得不被30多根横七竖八的钢管、钢筋束缚支撑着，其中一根钢筋已被撑断；右前腿有一部分已经和主体脱离；左后腿的一条裂缝长达3.6米。

对铁狮子的保护是从清朝开始延续至今。清嘉庆八年（1803），铁狮子被飓风刮倒，在地上躺了90年后，光绪十九年（1893）被扶起，由于当时保护技术条件简陋，只是在铁狮子旁挖一大坑，使铁狮子滑入坑内，再慢慢立起提上地面，随着时间的推移，铁狮子的周围形成了一个深达 2 米的洼地，每当雨季来临，铁狮子的腿部就会被积水淹没。1956 年，为了使铁狮子免遭风吹雨淋，沧州行署遵照苏联专家的建议，为铁狮子搭了一个八角亭。然而，这个低矮的小亭阻碍了周围潮气的蒸发，铁狮子周身出现斑斑锈迹，20 世纪 70 年代初，有关部门将亭子拆掉。1984 年，铁狮子被抬高安置在 2 米多高的石台上，以为这样既可以使铁狮子免受雨水浸泡之苦，又便于游人观瞻，然而，正是这次抬高，最终加剧了它的毁坏。由于铁狮子是中空的，在迁移吊装时，为避免铁狮子腿被钢筋卡坏，施工人员在狮腿内填充了一种硫黄合剂，这种液态合剂被灌进去后很快凝固，像岩石一样坚硬，起到了支撑作用。在整个工程结束后，施工单位没有将硫黄合剂取出。到了 1995 年，填充的硫黄合剂遇雨膨胀，导致铁狮子腿部出现了较大的裂纹。为防止裂纹进一步扩大，河北省文物局迅速将这种合剂取出，外用钢管支架支撑，考虑到内部支撑问题，施工人员又向铁狮子腿中灌进了沙、水泥、白灰组成的膨胀系数较小的三合土，并用沥青密封以免进水。但由于施工时工人师傅想减轻铁狮子的负重，将三合土中的白灰换成了炉灰，这种合成物遇水后膨胀得比硫黄合剂更严重，铁狮子腿部裂纹迅速发展。

2000 年，国家文物局委托北京科技大学用三维激光扫描仪为铁狮子做了一次全身的 CT 扫描，测出铁狮子全身应力分布数据，经过有限元法分析，得出铁狮子损坏加剧的原因是由于铁狮子被抬上石台，四条腿与地面接触由原来泥地的弹性支撑变为水泥台的刚性支撑，全身近 30 吨的重量全压在了四条腿上，加之石台基础不平，四条腿的应力分布不均，导致铁狮子四条腿负重过大，原有裂纹增大。

从科学角度来看，没有经过实地调查和检测分析的保护手段都是危险的，沧州铁狮子之所以在几百年的岁月中保存完好，除了古代铸铁低硫低硅的材质特征，还因为其体量巨大，白天日晒积累的热量使其在夜晚到早上的时间段里不会形成凝露，避免了表面锈蚀，后来搭建的低矮的凉亭却阻挡了这一良性循环。另外，从制度上看，造成沧州铁狮子保护性破坏的一个重要原因就是缺乏对文物保护施工人员的资质认定，由不懂文物保护的施工人员对铁狮子进行施工保护。

《中华人民共和国文物保护法》第二十一条规定：文物保护单位的修缮、迁移、重建，由取得文物保护工程资质证书的单位承担。

文物维修勘察设计资质单位分为：甲级、乙级、丙级。

文物维修施工资质单位分为：一级、二级、三级。

可移动文物技术保护设计资质单位分为：甲级、乙级。

可移动文物修复资质单位分为：一级、二级。

16

汉阳陵外藏坑展示厅
实现的"三赢"

汉阳陵外藏坑展示厅为全玻璃构造，故可利用左右墙面和地面全方位展示遗址格局、土层断面、出土文物和正在进行的发掘工作等，它将文物遗址与观众分处不同环境，使其有利于游人参观的同时也可观摩考古发掘现场工作。汉阳陵外藏坑展示厅采用可动态调节温度的玻璃和低热度LED照明光纤及利用地热资源建成的绿色环保、节能的水源热泵空调通风系统，这样既可保证遗址环境稳定、文物安全，又能接待游客，使游客与地下遗址隔绝，并配备了多媒体技术与幻影成像等高科技展示手段，所以说其是集考古发掘、文物保护和公众教育"三赢"的典型案例。

17

马王堆一号汉墓"千年古尸"不腐之谜

湖南长沙马王堆西汉女尸出土时外形完整，保有水分和弹性，类似鲜尸，非常罕见，分析其原因在于以下几点。

首先，墓葬埋于地下 16 米深处，加上墓口封土共 20 米深，周围用黏土分层夯实。

其次，棺由内棺和外棺构成，内棺由六块整木构成，内外都涂有防腐防蛀的油漆，外棺由整块巨型杉木板制成；椁分内椁、外椁，它们四周和上下填塞了 1 万多斤木炭，木炭外有 60 ～ 130 厘米厚的白膏泥封固；四层棺椁层层相套，每层都用油漆密封，形成完全密封、防水、干燥、稳定的地下埋藏环境。

最后，死者非夏季死亡，死后很快入棺，尸体用 20 多层丝麻织物紧密包裹，尸体、随身织物及随葬物初期腐败耗尽棺内氧气，好氧细菌生命活动停止，有机物腐败生成的沼气（甲烷）形成较大压强，厌氧细菌生命活动受到抑制，形成无氧、无光、抑菌的环境；棺液含有乙酸、乙醇和其他有机酸，其 pH 值为 5.18，呈弱酸性，可保持尸体湿润；沉淀物中还含有大量具杀菌功能的硫化汞，推测其生前可能服食含汞的丹药，客观上也起到了防腐的作用。

由此可知，深埋、密封、防水形成了一个温度、湿度恒定，无光、无氧、抑菌的稳定环境，这是千年女尸不腐的主要原因。

18

甲骨类文物的日常养护

　　文字是文明的载体，在人类社会发展进程中发挥着重要的传承作用，正所谓"龟虽寿三千岁，永不朽在文字"。1899年，我国清末金石学家王懿荣在中药铺用来治病的"龙骨"上发现了3000多年前的甲骨文，证明了关于商朝的史籍记载确为信史，从此开启古文字和夏、商、周三代研究的新篇章。

　　甲骨文是商晚期贵族每逢"国之大事"留下的占卜资料，最早出土于河南安阳小屯村，是比较成熟的早期文字，具有重要的史料价值。材料主要有龟的腹甲、背甲，牛的肩胛骨、肋骨或鹿、羊、猪的肩胛骨等。龟甲兽骨经过初步加工后，还要进一步刮削和磨光，然后在反面挖和钻制出圆形和长梭状的凹槽，以便在占卜时用火在这些凹槽内烧灼，使正面相应的部位出现裂纹，以对占卜事项进行吉凶判断。长梭状的凹槽叫作凿，一般长约1厘米，口宽底窄，呈梭状斜槽；圆形的凹槽叫作钻，是比凿稍小的圆形坑穴。凿和钻都只整治到距离正面极薄的地方，不能穿透骨面。凿和钻的排列和分布有一定的规律，其数目根据甲骨的大小而定。

　　由于这些龟甲兽骨经过整治、刻写、钻凿和烧灼，加上年代久远，出土时多已成碎片，国内外已发现共约15万片。关于脆弱甲骨的粉化治理问题是当前甲骨类文物保护需要重点攻关的课题之一。作为国宝级文物，甲骨保存要求环境稳定洁净，恒温恒湿（温度 T=14℃ ~ 18℃，相对湿度 RH=55% ~ 60%），避光密封。展览陈列时，考虑到观众的舒适度，温度可以提高到20℃左右，光照度为30 ~ 50勒克斯，并且要滤除紫外光，避免日光直射。收藏时要避免打包堆放，置放于无酸纸囊匣盒中，大件应一件一盒，小件可以多件一盒，但每件都要有量身定制的有柔软垫衬的"凹窝"，其材质可选用柔韧性较好的新疆长绒棉做底衬，外包软缎面，以提高缓冲力，避免互相碰撞；拿取时要戴手套，以防汗液污染。

应加强对珍贵甲骨类文物进行全息影像数据库的建设，以利于开展甲骨文字、材质、整治方式与背面钻凿相结合的全方位综合研究。

19

古代木构建筑文物如何保护?

　　受气候、自然资源、地理环境及民族特性、文化习惯等方面的影响，我国古代建筑以木结构为主，因为木构件年久容易糟朽，对其修缮包括了多项专门技能，如木作、瓦作、石作、油漆作、彩画作和搭材作等。当前对木结构的古代建筑保护主要采用化学加固法而非落架大修的重建法，一般用防虫防霉阻燃的药剂、不饱和聚酯或环氧树脂复配成加固剂、封护剂，配合挖补、包镶、墩接、存梁换柱等技法进行维修。如布达拉宫、塔尔寺、颐和园及地坛等维修工程都使用了这种化学防腐加固处理；十三陵中长陵祾恩殿的加固保护是在树脂中加入 2% 的过氧化二苯甲酰（ O.P. ）、0.2% 的萘酸钴，调配好后用于整个建筑部件加固，在地板黄、土粉中调入环氧乙烷树脂，刷在部件表面封护做旧，兼具防潮、防白蚁、防火功能；故宫武英殿木构件使用硼砂、硼酸、五氯酚钠试剂和五氯酚煤油溶液作防腐剂，最后用硼砂、硼酸和氟化钠喷淋保护；等等。

二 收藏家看文物

对于收藏界来说，有许多行业内约定俗成的术语，有些含义甚至充满了"只可意会，不可言传"的神秘感，流行的"目鉴"似乎相当于中医中的"望、闻、问、切"，本部分尝试对收藏界常用的一些术语进行科学解释，以期起到在鉴定过程中"拨云见日"之效。

20

品相

收藏界常说的"品相"是指收藏品的外观质量是否清晰、完好、干净，形状是否完整，有无残损瑕疵、缺失变形、人为损坏等。

北宋錾刻人物故事银片由于品相不同分别被评定为一级品（左图）和二级品（右图）

21

皮売

　　收藏界把文物经年累积形成的表面颜色、光泽、质感和状态特征统称为"皮壳"。文物种类不同、材质不同、年代不同，其皮壳也各不相同，因此，皮壳常常是有经验的鉴定师对文物进行直观鉴定的依据之一。在文物保护修复中，要注意保存这种珍贵无害的代表文物年代久远的皮壳。

22

包浆

　　包浆是指文物经长期风化或经藏家盘摸把玩在表面形成的一层油滑、致密、润泽且有一定厚度的氧化层，其具有岁月沧桑感和一定的保护文物的功能，是文物年代久远的象征，应该予以保护。

23

返霜

多孔材料类文物如陶器在埋藏地下的长期过程中，大量可溶盐如氯化钠、氯化钾、硫酸镁等积聚在陶器的孔隙深处，当环境温度、湿度发生变化时，会反复发生可溶盐的溶解膨胀——结晶收缩现象，这种现象使器物表面撑出花点并泛白，从而被形象地称为"返霜"。

24

鸡骨白

　　我国南方地区新石器时期遗址的玉器在出土时出现的颜色发白、透明度和硬度降低、孔隙度较大、表面具吸水性和有黏手感的现象，被称为"鸡骨白"。造成"鸡骨白"现象的原因是埋藏时间长、环境潮湿、土壤偏酸性等导致钙贫化以及土壤中的铝铁硅胶体在玉器表面富集等。

25

玉及玉沁

　　玉的概念分狭义和广义，狭义上的玉，按国际上宝石学及矿物学的通用概念，仅包括碱性单斜辉石的硬玉和钙角闪石的软玉，两者均为链状硅酸岩矿物。硬玉是钠铝硅酸盐，单斜方晶系，因常含有铬元素呈现翠绿色，我国称之为翡翠，是具有变斑晶交织结构的辉石类矿物集合体，硬度为 6.5 ～ 7.0，光泽强，原产于缅甸，明清时期传入中国，为清王室重要的玉器材质之一。软玉是镁钙硅酸盐，单斜柱状结晶系，具有交织毡状细小纤维结构的透闪石 – 阳起石系列矿物，硬度为 6.0 ～ 6.5，质地细腻，无斑晶。

　　我国是有着近万年用玉史的文明古国，兴隆洼文化、红山文化、凌家滩文化和良渚文化的玉器举世闻名。人们认为玉是温润而有光泽的美石，玉自古以来就被拟人化，喻为君子，如"古之君子·必佩玉""君子比德于玉"等。汉语中与玉有关的字、词多达数百个，所以，对于玉的概念的理解要与我国的传统观念相结合。广义的玉，指天然形成的具有美观、稀少、耐久性和工艺价值的矿物集合体或非晶质体，包括硬玉、软玉、蛇纹石质玉（半透明黄绿色，呈蜡状）、石英质玉和由生物作用而形成的装饰宝石（又叫有机类宝石，如珍珠、珊瑚、贝壳、玳瑁、琥珀、煤精等）。西汉的中山靖王和王后下葬穿的金缕玉衣就是用金丝将软玉和蛇纹石质玉片连缀而成的。

古玉埋藏于地下，受各种环境因素，如土壤、地下水、有机物及温湿度不断变化的影响，其本身颜色、性状发生改变的物理及化学风化现象，称为"受沁"。沁色在古玉鉴别中占有重要地位，是其年代久远的标志，常见的沁色有黄、白、红、黑等。受沁古玉外层的致密度、透明度高于内层，南方出土的古玉受沁的程度和数量大于北方，同一遗址同一墓葬中，蛇纹石玉受沁程度大于透闪石玉。

三　丹青问道

　　造纸术是我国古代的"四大发明"之一，纸张、书籍承载着人类的智慧精华，为文化的传播做出不可磨灭的贡献。然而，纸张、丝绢、皮革等属于脆弱的有机质材料，易燃、易损、易霉腐虫蛀，在科技不发达的古代，能够成功地将浩如烟海的古籍、善本、经卷、法帖、字画保存下来实属难能可贵。起源于2000多年前的装裱技术是中国独创的有机质作品保护技艺，其在保存历代珍贵书法绘画作品上发挥了极其重要的作用。此外，中国先民的智慧还体现在对有机质地文物保护的各个方面。

26

"万年红"纸为什么能够相对长久保存？

　　明清时期，广东佛山、潮州等地生产一种橘红色纸作为线装书的副页，叫作"万年红"纸。国家博物馆收藏的广东《南海县志》全书 23 册，同治八年（1869）刊印，因装订有这种纸，至今保存完好无损，而同期的其他古籍却被害虫蛀食得千疮百孔。经过扫描电镜、激光探针等手段测定，这种橘红色的涂层是红丹（铅丹），其主要成分是四氧化三铅（Pb_3O_4），对害虫有毒杀作用，因此能够使古籍得以长久保存。

27

古代的黄纸和椒纸为什么能防蛀?

黄纸是指汉魏时期用黄檗将纸染成黄色从而具有杀虫防蛀效能的纸。东晋葛洪（约283~约363）《抱朴子》一书中就讲到黄檗染纸具有防蛀避蠹的功能，甘肃敦煌地区发现的六朝、隋代的写经、印本，应县木塔的辽代写经、刻经本，都是使用的这种黄纸，至今未受虫蛀。黄檗的主要化学成分是小柏碱，它既是染料，又具有杀虫作用，并有杀虫卵的效用。

宋时将纸张用胡椒、花椒或辣椒的汁浸渍，制成具有防虫蛀功能的"椒纸"。经化学分析，椒实的汁中含有香茅醛、水芹萜等生物碱，具有防虫、杀虫作用。

28

油画及"油画癌"

油画是用植物油（亚麻仁油、罂粟油、核桃油等）调和颜料在画布、纸板或木板上所作的画，光感、质感、立体感强，是西洋画的主要画种之一，存世的西方绘画作品主要是油画。

油画的画布是由棉花、亚麻或大麻纱织而成的帆布，作画前先将它绷在画框上，涂上一层清漆以保护帆布纤维，然后再刷一层亚麻仁油和铅白的底层，这样既可以保护画布，也可以作画面层的陪衬，作画时使用有挥发性的松节油和干性的亚麻仁油等调和有机或无机颜料，也可用鸡蛋、树脂、动物胶、清漆等调和颜料，油彩的厚度或重量通常为画布的5～10倍。因此，油画是典型的复合多孔材料类文物。

"油画癌"是指油画表面和画布背面大量滋生白色颗粒，覆盖、污染画面，导致油画的颜料层出现膨胀、崩解、粉化、脱落等现象。这种白色颗粒是气体污染物中的硫化物（SO_2、H_2S）与油画颜料中的碳酸钙反应生成的体积增大的硫酸钙结晶，这种结晶压力较大，可以穿破油彩层而喷出；同时，硫酸钙吸水生成水合晶体石膏（$CaSO_4 \cdot 2H_2O$），体积增大约61%，造成膨胀性破坏；二氧化硫还可使白色的硫酸铅或碳酸铅变成黑色的硫化铅，使红棕色的氧化铬变成绿色的硫酸铬。油画中常用的白色颜料钛白——二氧化钛（TiO_2）是光催化剂，会使丙烯类颜料降解。

29

纸张为什么会"自毁"？

"自毁"现象指机制纸书写、印刷的图书、报纸在保存若干年后像酥糖一样一触即成粉屑的现象。简言之,纸张"自毁"主要是由硫酸铝水解后呈酸性造成的。

纸张酸化既有内在因素,也有外在因素,具体分析如下。

(1)机器造纸都以木材、稻草为原料,这些原料中都含有木质素、非纤维材料,本身就呈酸性或者在氧化、水解时产生酸性衍生物。

(2)造纸原料中含有许多杂质(如脂肪、蜡、胶等),为了去除杂质,常用氯气、氢氧化钠、硫酸钠、硫酸氢钙等化学试剂进行处理,必然会有残留试剂沉积在纸张中,微量的氯化物能加速明矾对纸的变质作用,因为硫酸钾铝与氯反应生成氯化铝,微量的氯化铝在炎热、潮湿条件下会生成盐酸,使纸张酸化。

(3)造纸过程中用明矾、动物胶、淀粉作为填料,它们在水解过程中会产生硫酸,这是纸张酸化的主要原因之一。

(4)在纸张贮存过程中,由于空气中的有害气体,如二氧化硫、硫化氢、二氧化碳、二氧化氮等的侵蚀,在微量金属离子的催化下,它们与水反应生成硫酸、亚硫酸、碳酸、硝酸,促使纸张酸化。

（5）用酸性的或含氧化物的油墨、墨水、颜料印刷和书写也是纸张酸化的原因之一。

（6）另外，霉菌等微生物的生长、繁殖分泌的有机酸使纸张的酸值增加。

总之，造成纸张酸化的原因很多，这些因素相互影响、相互促进，交织作用在一起，日积月累，最终使书籍纸张出现一触即溃的"自毁"现象。

30

"书砖"是如何形成的？

　　书砖的形成通常与环境湿度、粉尘、霉菌及不良存放方式有直接关系。当纸质文物受潮时，粉尘中的黏土颗粒 $(Al_2O_3 \cdot 3SiO_2 \cdot 2H_2O)$ 水解，生成胶状的氢氧化铝 $[Al(OH)_3]$，使纸张粘连在一起。而当霉菌在纸张上繁殖、生长时，也会使纤维变得湿润和胶黏，尤其是长期处在高湿、堆压的情况下，书页会整个粘在一起，从而形成像砖一样难以揭开的"书砖"。

31

狐斑

　　纸质文物上的霉菌孢子在生长、繁殖过程中会分泌出各种色素，导致绘画、书籍上出现各种颜色（红、黄、灰、紫、棕、黑、褐等）的斑点，在文物保护领域，通常把纸质文物上出现的黄色、黄褐色、铁锈色斑点称作"狐斑"，这种斑点能够蔓延，使纸张污染变色，性能和价值降低。

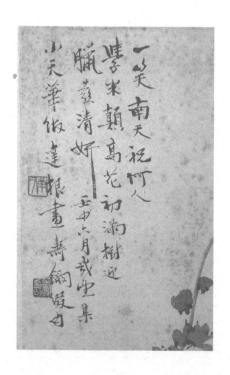

32

古代常用的驱虫避蠹中草药

我国利用中草药驱虫杀虫的方法历史悠久，常用的有：黄檗、花椒、苦楝子、麝香、木瓜、芸香、樟脑、樟木等。

研究表明，黄檗中的杀虫成分是黄柏内脂、黄柏酮、棕榈碱，主要是小柏碱；花椒中含有柠檬烯、枯醇和香叶醇等挥发油，花椒果实中还含有香茅醛、水芹萜，椒根中含有白鲜碱、茵芋碱和小檗碱等生物碱，具有驱虫、杀虫作用；从苦楝子内分离出的异川楝素、川楝素等四种化合物，它们的作用有的是使昆虫拒食，有的是使昆虫产生病变，有的是起到影响、干扰昆虫激素的作用。此外，还有利用麝香、木瓜、芸香、樟脑等挥发出来的气味起到驱赶害虫或毒杀害虫的作用。现代科技从传统中草药中提炼有效成分制成了广谱、低毒、对环境友好的杀虫剂，已应用于农业上虫害的防治。

芸香又名香草、七里香，系芸香科芸香属植物，有强烈的刺激气味，花、叶香气皆烈，具有清热解毒、散瘀止痛之功效，同时还具有驱避书虫的作用。

我国很早就应用芸香避蠹，北宋洪刍在《香谱》中说："芸香避纸鱼蠹，故藏书台称为芸台。"北宋沈括在《梦溪笔谈》中也说："古人藏书避蠹用芸，芸，香草也，今人谓之七里香是也。"古时用芸香避蠹主要采用两种方法：一是用烟熏驱虫避蠹，二是将芸香叶夹于书页内避蠹。

樟脑是将樟树干馏而成，经检测，其主要成分是萘，为无色结晶体，有特殊香气，比重为 0.985，熔点为 175℃，沸点为 204℃，在常温下易挥发，难溶于水，易溶于酒精、二硫化碳等。利用樟脑防虫在我国有悠久的历史，明代曹昭的《格古论要》中就有书籍防虫用樟脑亦佳的记载。将图书、绘画收藏在樟木箱、樟木橱柜内，同样具有较好的防虫效果。但科学检测分析表明，樟木等木材对纸质文物的物理性能影响较大，因此应当尽量避免使用木制箱柜匣盒等材料储存纸质文物。

33

书画装裱中胶矾水的作用

国画颜料的调制，在绢或纸上作画、全色等都需要用到胶和矾。胶分动物胶与植物胶，动物胶有牛皮胶、鹿胶、驴皮胶、骨胶、黄鱼胶等，植物胶有树胶、白及胶、石花菜胶等，以牛皮胶、骨胶为常用。

矾，又称"明矾"或"白矾"，用矾矿石烧制而成。传统绘画的装裱方法中用胶矾水涂刷纸、绢或在镶料染色水中加适量胶矾水，促使色度均匀，增强抗水力，减少伸缩性，面粉制成的糨糊加入一定量的明矾有防腐的作用。

胶矾水的调制方法有两种：一种为一矾三胶的比例，再加 15 倍清水；另一种是 1 克胶加 30℃温水 60ml 浸泡一天，如未化，再用文火隔水煮，化成胶水，然后把 1 克矾加清水（冬季加 10℃温水）7ml 制成矾水，待胶水、矾水冷却后将两者混合，用木棒搅拌调匀，即成为比例适当的胶矾水。胶矾水虽能增强纸、绢的抗水力，但明矾在潮湿环境中吸水生成硫酸，会加速纸张的酸解劣变，应适量使用，现有尝试用传统方法豆浆水代替的研究工作。

34

古籍书画常用的
保护装帧方式

我国古籍书画的装帧形式有简策、帛书卷子装、卷轴装、梵夹装、经折装、旋风装、蝴蝶装、包背装、线装等，不仅美观大方，便于收藏翻阅，还可以起到防尘、避光、防蛀、抗挤压、防变形、耐磨损等作用。

而对这些古籍书画的保护装帧方式有以下四种。

套封：书卷、绘画经托裱后，在其外用布、帛做成套子进行包裹。

叠封：隋唐时期将纸质作品折成纸叠，在叠纸前面和后面裱上较厚的纸作为书衣，再把一张比折子宽一倍的厚纸从中间对折，一头粘于卷首，另一头粘于卷尾，这样既保护书页不受污损，亦不至于因翻书而使里面的书页散开扯断。

书皮封：书籍采取册页形式后，出现"蝴蝶装""包背装"，用较厚的纸作为书皮不但能保护里面的书页，而且便于翻阅。

函封："函"就是套在书外的壳子或匣子。古代将一部书集成一函或数函，这种书函有两种，一种用硬纸板做里，刷上糨糊，外裹一层布，又叫书套，有四合、月牙、云头和六合等形式；另一种是木夹板和木盒子（木书匣），夹板以梓木、楠木为贵，不生虫、不变形，质韧且轻，花梨、枣木次之。

35

中国古代书画装裱技术的发展

　　装裱主要有卷轴、册页、挂轴三种形式，是中国古书画特有的传统保护方式。1973 年，湖南战国楚墓出土的《人物御龙帛画》残留有类似装裱挂轴形式的装饰，长沙西汉古墓中曾发现有红漆卷轴的帛卷。秦汉时盛行绘画屏风装饰，有用粗麻纸、布或帛等在书画屏风背后复裱一层起加固保护作用的做法。南北朝时期装裱与修复技术日趋完善，隋唐时期书画的装裱修复蔚然成风，设有专门的官职来管理装裱书画名迹，书画装裱修复进入成熟期。明清是书画装裱技术的辉煌期，装裱修复技术发展快、款式变革多、专著接踵而出、民间店铺林立、私人书画收藏盛行，相继出现各具特色的装裱流派，如苏裱、扬裱、沪裱、京裱、湘裱、赣裱和岭南裱等，苏裱已被列入国家非物质文化遗产扩展项目。传统的书画装裱修复技艺主要工序可以概括为"揭、洗、补、全、覆、装"六大部分，具体则可分为：前期准备、旧裱处理、固色、清洗去污、揭旧、补缺、托芯、全色、贴条、上墙、打蜡、砑光、装裱上轴等工序。

四 当文物遇见科技

当前，中国考古学时空框架体系已经基本建立，在此基础上，学科的关注点开始转向物质文化框架下人类社会生活和历史演进的诸多方面，学术研究向社会层次的深入，研究领域的宽泛及研究课题的多样化，已然成为学科发展的新动态，而许多问题的解答和突破往往就在于能否真实、准确、全面地提取和释读文物或考古资料所蕴含的信息，因此，运用现代先进的仪器设备进行检测分析成为科技考古和文物保护科研工作必不可少的关键环节。百年前的国学大师王国维先生曾经提出史学研究的"二重证据法"，即传统历史文献和地下考古资料互相印证，而现代检测分析技术可以被称为二者之外的"第三重证据"，三者的有机结合必将推动 21 世纪的考古学、文物与博物馆学研究进入一番新天地。

36

常用的文物检测分析技术

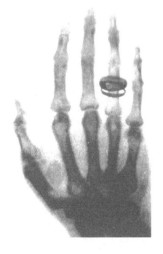

对文物材料的研究通常包括对化学成分、组织结构、制造工艺等的研究，所以科学检测分析文物主要围绕文物的形貌分析、成分分析、物相结构分析及制造工艺等方面进行。

我们常用的文物研究和分析技术有以下五种。

（1）文物微观形貌和显微组织分析。包括两种。

①透视照相技术：X光照相技术、中子射线照相技术、红外成像技术。

②显微组织分析技术有两类。

光学显微分析技术：需要的设备为体视显微镜、偏光显微镜、金相显微镜；电子显微分析技术：需要的设备为扫描电子显微镜、透射电子显微镜、扫描隧道显微镜等。

（2）文物组成成分分析。包括原子吸收光谱、原子发射光谱、X射线荧光光谱、气相色谱、液相色谱等。

（3）文物组成结构分析。包括X射线衍射、红外吸收光谱、拉曼光谱等。

（4）文物制作工艺研究。包括穆斯堡尔谱、核磁共振、热分析、离子束分析等。

（5）文物其他性质分析。包括强度分析、色差分析、电化学分析等。

37

统领文物检测分析技术的

基本理论

　　现代文物检测分析方法的理论依据大部分是利用射入电磁波或物质波（X 射线、电子束、可见光、红外光）作为一种能量源与检测材料发生相互作用，微观粒子受到能量激发，产生携带样品信息的各种射出电磁波或物质波（X射线、电子束、可见光、红外光），探测这些射出信号进行分析处理，即可获得文物材料的组织、结构、成分、价键等信息。

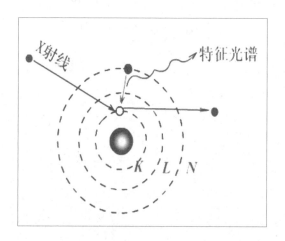

38

文物检测分析提取信息的目的

在文物保护领域，信息提取的主要目的在于以下三点。

（1）获取全面准确的物理、化学及环境信息，包括文物的组成成分、结构、微观形貌、制作工艺、技术源流、产地来源、保存状况及年代等。

（2）为展示保管、修复保护、评估鉴定文物提供科学依据。

（3）为深入的分析研究工作提供科学数据和基础资料。

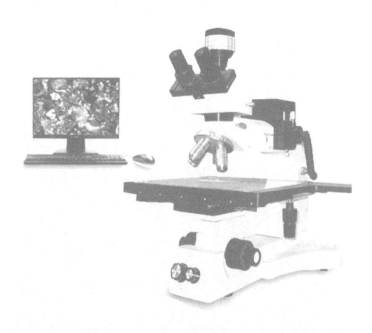

39

科技考古和文物保护
选择样本有什么差异？

　　通常科技考古研究所需的样本与文物和文物保护研究的样本有些许不同：科技考古样本除了出土文物，还有土壤、植物种子、孢粉、木炭、动物遗骸（骨头、壳体）、容器内盛装物（固、液）及残留物、残渣碎片等，其特点是相对大量、易得，大部分只具有研究价值，可做全样本破坏分析（全处理、全溶等），而有机残留物分析现已成为国际科技考古领域的热点之一；文物和文物保护研究的样本多为各种材质文物或其残片、劣变产物等，对其分析手段的要求为微损或无损，有的需要有大腔室仪器设备，可以进行不需取样的完整器的分析。

40

检测文物样本时需要注意什么？

　　各种检测分析技术都有优缺点，在具体研究中常常需要结合多种方法互相验证、取长补短，才能为我们提供趋近于客观、真实的最佳答案。对于需要通过检测分析解决问题的考古或文物保护工作者，首先要根据科研目标选择检测方法和有代表性的样本，明确取样的大小、重量及对样本的具体要求，同时也要了解仪器的精密度、准确度、优缺点，定性还是定量、检测所需要的时间和费用、检测后的样品能否再利用、数据处理方式等一系列问题，而检测分析人员要明确样本的考古学背景、发掘情况和存世经历等，作为最终数据分析的参考依据。

41

显微分析中照明光源与分辨率的
"死胡同"

　　分辨率是指成像时能分辨的两点之间最小距离，分辨率与照明光源的波长直接相关，分辨率的极限是照明光源波长的二分之一。若要提高显微镜的分辨率，关键是要有波长短又能聚焦成像的照明光源。普通的光学显微镜的照明光源是可见光，波长约 400~780nm，因此，光学显微镜的分辨率为 200nm，小于此长度的物体都会发生衍射而无法被清晰看到。紫外线的波长比可见光短，但由于绝大多数样品物质都强烈地吸收短波长紫外线，因此，可供照明使用的紫外线仅限于波长 200 ~ 250nm 的范围，用紫外线作照明光源、用石英玻璃透镜聚焦成像的紫外线显微镜分辨率可达 100nm 左右，比可见光显微镜提高了一倍；X 射线的波长很短，γ 射线的波长更短，但是由于它们直线传播且具有很强的穿透能力，不能直接被聚焦，因此不适用于显微镜的照明光源。至此，在光波范围里寻找显微镜照明光源的努力走入了死胡同，这种困境直到发现微观粒子——电子具有波的衍射现象，从而证明它不仅是物质同时也是一种波，由此使光学显微镜技术得到实质性的突破。科学家设计出电子显微镜，将分辨率一举提高到原子的数量级——nm 级。

　　纵观人类历史，显微分析技术经历了从光学显微镜

（OM）到扫描电子显微镜（SEM），再到扫描隧道显微镜（STM）的发展过程，现在已经可以利用原子力显微镜直接观测到原子的图像。从人眼到光学显微镜、紫外线显微镜、扫描电子显微镜、透射电子显微镜、扫描隧道电子显微镜和原子力显微镜，能分辨的距离从 0.1mm 到 200nm、100nm、1nm、0.1nm、0.01nm、0.01nm，这是人类近 400 年从宏观世界向微观世界不断探索、依次递进、逐渐深入的坚实脚步。

42

扫描电子显微镜
对文物保护研究的贡献

（1）扫描电子显微镜的特点。

①分辨率高：由于它采用精确聚焦的电子束作为探针，并随着超高真空技术的发展和场发射电子枪应用的普及，现代先进的扫描电子显微镜的分辨率已经达到 2nm 左右。

②放大倍率高：在 20 ～ 20 万倍之间连续可调。

③景深大，视野宽，成像富有立体感，可直接观察各种试样表面凹凸不平的细微结构。

④配上 X 射线能谱仪，可以同时进行显微组织形貌观察和微区成分分析。

⑤试样制备简单。

（2）扫描电子显微镜对样品表面的性质要求。

①导电性好，防止表面积累电荷而影响成像。

②具有抗热辐照损伤的能力，在高能电子轰击下不分解、不变形。

③具有较高的二次电子和背散射电子系数，以保证图像有良好的信噪比。

扫描电子显微镜的最大优点是样品制备方法简单，对金属和陶瓷等块状样品，只需将它们切割成大小合适的尺寸，用导电胶将其粘接在电子显微镜的样品座上即可直接进行观察；由于非导电样品，如塑料、矿物等，在电子束作用下会产生电荷堆积，影响入射电子束斑和样品发射的二次电子运动轨迹，使图像质量下降，因此这类试样在观察前要喷镀导电层，通常使用二次电子发射系数较高的金、银或碳膜做导电层，膜厚控制在 20nm 左右。

扫描电子显微镜与 X 射线能谱仪配合使用，可以使我们在看到样品的微观结构的同时，还能定位分析样品的元素成分以及在相应视野内的元素分布。在文物保护研究中可以用来研究文物的微观结构和腐蚀劣变的原因，比较文物加固前后的微观结构变化，考察加固保护效果等。

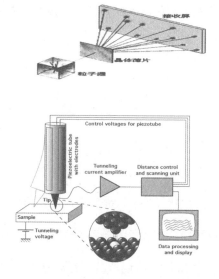

43

红外线成像技术让文物更清晰

　　红外线成像技术是利用红外线与不同物质作用后的性质差异成像的技术。红外线是所有温度高于绝对零度的物体都具有的能量，因此它充斥于自然界，无处不在。它比可见光能量低，因此具有比可见光更长的波长。作为不能被肉眼看见的一种电磁波，它具有被物质吸收、反射和折射的特性。不同的物质对不同波长的红外线的吸收、反射和折射的性质各不相同，比如简牍或字画上看起来模糊的字迹，是因为字迹与周边的材料对可见光的吸收和反射率相同，因此人眼不能分辨，而某些物质，如炭黑、墨汁、石青等对红外线有较高的吸收率，与周边材料形成鲜明的反差，使表面漫漶不清的字迹得以辨识;对于多层纺织面料，它会比可见光更少地被某些材料反射，其效果就是，红外线穿过织物层，被下面的材料反射，并再次穿过织物层透射出来，这样就使织物呈现半透明状态，从而能分辨织物底层材料的图像。

　　国外应用红外线成像技术来检测油画等艺术品，研究画家创作技法的演变和隐藏于覆盖层下的损坏、剥落或修复情况等。在 20 世纪 70 年代，上海新跃仪器厂和上海博物馆合作，应用这一技术对受污损的宋代绢画《卧猫》进行了观察，而复旦大学将其与电脑相连，实现了图像的数字化，可以对获取的图像进行灰度增强、反转、编辑和拼接等操作。其结果可以打印、复制、存盘，是研究和保护珍贵文物资料的有用工具。

44

从"山洞囚徒"的故事出发看
文物检测技术

两千年前的古希腊哲学家柏拉图讲过这样一则寓言：有一群生活在山洞里被束缚住只能面壁而观的囚徒，在他们背后，也就是洞口方向，点着一堆火，在火和囚徒之间有些人不停地走来走去，从而在洞壁上留下各种影像，这群囚徒每天面壁而观，看到这些影像，以为影子是真实的，却并不知道他们背后走来走去的人才是真实的，他们看到的只不过是由火光经过人体投射在洞壁上的人的影像。这些囚徒不能够正确地认识事物，就是因为他们被束缚住了。可是有一天他们中有一位挣脱了束缚，跑出山洞，他就看到了一个阳光下的真实世界，但这位挣脱出来的人跑回山洞和他的同伴们说起他看到的真相，他的同伴却认为他是个疯子。

柏拉图讲这个故事是想说明，拥有智慧的哲学家把看到的更为真实的世界告诉普罗大众，却被被有限的感官经验束缚住的普通群众嘲笑，问题是这个"真实"的界限在哪里？走出山洞在阳光下看到的世界就是真实的吗？现代科学已经探明人类感官的局限，比如，人眼通常只能感知380~780nm的光谱，只占据客观世界所有光谱中很窄的一段。那么，既然考古学的目标之一是复原历史，除了考古学文化研究和时空框架的建立，现代先进的检测分析技术能在多大程度上可以帮助我们走向历史的真实呢？

　　考古材料、文物检测技术和信息分析方法三个方面都在不同程度上存在着局限性，最终导致了它们在考古学应用中的局限性叠加，被束缚的山洞囚徒不能认识造成洞壁影像的根本原因。而我们在某种程度上也受制于有限的感官经验，被千变万化的事物的表象所困扰，历史的真实就像检测分析数据中的真值，只能无限接近，不能完全揭示，正如张忠培先生说过的，人们只能走近历史的真实，而不能走到历史的真实。我们所能做的就是集思广益，采用各种方法互相验证、取长补短，尽量拼缀历史的碎片，即使不能达到"天衣无缝"，也要获得最接近真实的历史的真相。

45

文物"万能保护剂"
Paraloid B-72

Paraloid B-72 是常用于文物封护加固剂的丙烯酸类 Paraloid 系列的有机高分子涂料，优点颇多，如耐候性好、老化期长、耐腐防沾污、附着力强等，缺点是膜脆、不耐碱、防紫外线性能不好。其为白色半透明颗粒，溶于丙酮、甲苯等有机溶剂，使用时根据需要配置成 3% ~ 5% 或 10%、30% 溶液，由于其具有一定的普适性和可再处理性，可有效保持文物原貌，符合不改变文物原状的文物保护基本原则，因此被形象地称为"万能保护剂"，但在实际应用时应根据具体情况具体分析。

46

EDTA 二钠盐
在文物保护中的作用

EDTA 二钠盐的化学成分为乙二胺四乙酸二钠盐，是一种螯合剂（络合剂），为白色结晶性粉末，能溶于水，几乎不溶于乙醇、乙醚，其水溶液 pH 值约为 5.3，可以去除由二价金属离子如钙、镁形成的盐类，性质相对柔和，因此可以用来软化、去除文物在长久地下埋藏过程中形成的坚硬的石灰钙质硬壳等。

47

纳米材料在铁质文物保护中的
应用前景

　　从活泼金属牺牲原则和金属活动顺序表可知，常见的出土文物中，铁是最活泼的，它的化合物的能量都比铁单质低，因此，自然界中的铁大多以化合物的状态存在，即铁矿石，这是它的最稳定状态。由于古代铁器多是铁碳合金，结构相对疏松，制造工艺存在缺陷，防腐技术不高，加上恶劣的地下埋藏环境和漫长的地下埋藏时间，所以出土的铁质文物通常锈蚀得非常严重，甚至失去原来的外形和结构而完全矿化。在春秋战国之交，铁器普遍代替青铜推广应用之后，极大地推动了经济发展和社会进步。时至今日，出土的铁器不仅数量大、种类多，而且大多腐蚀严重，保存不易，因此铁质文物的保护是文物保护的重要课题，也是难点之一。

　　铁器的腐蚀通常是化学、电化学和细菌腐蚀交叉作用的结果，对其保护需要阻隔氧气、脱盐（脱氯）、治理微生物协同进行，要求保护技术便于操作，保护试剂对环境、人员友好等。而先进的纳米材料由于粒径小，比表面积大，易于进行有针对性的功能化改进和提高，具有较好的吸附性和抗菌性，同时可以生物降解，因此，其应用前景非常可观。但也应看到，纳米材料本身具有的环境隐患问题及不稳定的先天缺陷使其广泛应用面临比较大的挑战。

48

让科技来保护文物

　　广义上讲，文物保护的研究内容包括法律法规等行政管理、安全防护和科技保护。狭义的文物保护就是指利用科学技术手段防止自然力对文物的破坏，也就是文物的科技保护。总的来说，文物科技保护是研究各种质地文物在内外因素影响下的质量变化规律，应用科学技术手段维护文物质量，对抗一切形式的质变，延缓质变过程，控制、降低质变速度，对文物的劣变进行综合防治，通过环境控制进行以防为主的预防性保护，研究适合保护文物的新材料、新方法，使文物尽可能长久存世。

　　文物科技保护主要包括以下几方面内容。

　　（1）研究清楚文物的基本要素

　　如组成成分、结构性质、制造工艺、年代产地、劣变现象和劣变机理等。只有对文物的基本情况有了透彻的了解，才能制订出科学有效的保护方案，因此，这项工作是文物保护研究的基础。

　　文物的劣变主要由自身材质结构、制造工艺、存世时间和保存环境决定。不同的文物在相同的环境下有不同的劣变现象，同一类文物处在不同的环境下，劣变现象会大相径庭，甚至在相同环境下的同类文物，也会有程度不同的劣变现象。以上林林总总的情况都与文物的基本要素密切相关，所以应用现代先进的科学仪器对文物材质进行分析和鉴定，从而对文物的基本要素进行深入研究是文物保护的基础工作。

（2）研究透彻文物的最佳保存环境

环境突变是造成文物损坏、劣变的重要原因之一。在当前国际上普遍倡导的"最小介入""预防性保护"文物保护理念之下，通过环境控制创造对文物适合的环境对文物进行日常养护的重要性日益显著，因此，对文物保存环境的研究成为文物保护工作的重要内容。

环境因素包括温度、湿度、光、空气污染和生物作用（霉菌虫害），还可分为室内环境、室外环境和地上保存环境、地下埋藏环境、水下环境等。

（3）搞清一般情况和特定环境下的文物保护技术与材料

一般情况下的文物保护技术指研究收藏在博物馆的文物在各个环节应该注意的保护技术，如博物馆选址、陈列展出、库房、搬运、包装、日常清洁养护等，以及实验室的一般保护技术。

特定环境的文物保护指在考古发掘现场或对于水下打捞文物以及发生紧急情况，如遭受各种自然或人为灾害时，应该采取的应急处理措施。

五　把文物接回家

"一贝含山岳，滴水映太阳"，文物保护包括与文物有关的方方面面，如考古发掘现场保护，文物的起取、包装运输、整理操作，博物馆的环境，文物日常养护，防火防震等，唯有在每个环节都极尽重视，考虑周到，注重细节，尽量将可能的损害"扼杀在襁褓之中"，防患于未然，才能够将珍贵且脆弱的国宝尽可能传之久远。

49

"圆明园之殇"引发的
思考和教训

"圆明园之殇"留下了许多难解之题，时至今日，仍然不时困扰着国人敏感的神经，比如曾经热议的"圆明园应否复建"，鉴于其特有的国耻警示性教育意义，国家已经采取建立遗址公园的方式予以保护，但随之而来的是当年流失海外的圆明园遗物是否应该追索或者说怎样正确追索才能物归原主、完璧归赵。2009 年法国佳士得拍卖圆明园鼠首和兔首，就是利用国人盲目的民族情感将价格虚推到天价，虽然最后出于各种考虑，佳士得的股东之一皮诺家族将其捐赠给中国，但对花费巨额外汇回购海外流失文物之举敲响了一记警钟。这样做无疑会自设障碍，推高流失文物的市场价格，从而助长盗卖走私之风。唯有国力的提高才会增加追索过程中各方面因素制衡的筹码，增大通过外交渠道或第三方斡旋成功索回的概率，如法国于 2015 年归还 32 件从甘肃礼县大堡子山秦早期墓葬流失的金饰片文物。2015 年底在匈牙利巡展的"千年肉身坐佛"（持有人为荷兰籍）被认定系我国福建某村 1995 年失窃的祠堂祭拜神像——章公六全祖师，而对其追索面临着诉讼主体、诉讼地、诉讼时效、善意取得、归属人证据链、国际法和国际公约的约束力及各国国内法典章规定等一系列困难，可以想见"章公祖师"的回乡之路必将充满坎坷。

50

百年历史建筑"查公馆"

平移的启示

　　"查公馆"是上海市静安区一栋具有百年历史的保护建筑，2010年，因地铁13号线的开建以及兴业太古汇项目，这栋面积1780㎡、重约3300吨的建筑由液压千斤顶推动，在计算机控制的同步顶推系统控制下，以每分钟约两厘米的速度缓缓滑向东南方向的新位置，历时13天，整体平移了57.6米，同时抬升了0.4米。

　　"查公馆"平移后由兴业太古汇项目方修缮维护，秉持"修旧如旧"原则，将建筑外立面恢复历史原貌，还原了两侧的塔尖，对墙体、立柱、木梁、屋架进行了加固，同时，修缮并增加了建筑内部的各项基础设施。

　　这是上海第一例采用爬坡升高的建筑物平移，也是第一次由企业出资进行修缮的历史建筑保护项目，为我国优秀历史建筑的迁移保护探索出了一条新路径，也为不可移动文物保护提供了新的宝贵经验。

51

天一阁藏书楼经历的启示

　　宁波天一阁藏书楼是我国现存最早的民间藏书楼，约建于明嘉靖四十五年（1566），距今已有 450 多年的历史。

　　众所周知，木结构建筑及文献书籍都是由有机材质构成的，极易受到外界环境的影响，它们不仅吸湿易燃，还容易遭受霉菌虫害。天一阁藏书楼却能历经几百年的寒暑风霜保存至今，很大程度上得益于其创建人范钦，他为了使藏书安全传承后世，苦心孤诣制定了各种防范措施，如为了使藏书免于火患，取《周易》中"天一生水"之意，将藏书楼命名为"天一阁"，还在楼前掘池蓄水以防火灾；天一阁建筑坐北朝南，为两层木结构，楼上大通间通风干燥，用于藏书，书中夹芸草避蠹，书橱下置石英石防潮；一楼为六间，取意"地六成之"，设置隔潮间，藏书楼与住宅间建有防火墙，并有小巷相隔，使藏书楼兀自独立，环境相对安宁稳定；同时，制定了"代不分书、书不出阁、不借不卖、外人不得进入"等严格的家规。

　　然而，一百多年后的 1673 年，这个家规被打破，外姓人黄宗羲第一次登楼阅书；又一个百年之后的 1773 年，为了支持《四库全书》的编纂，范氏后人贡献珍本 638 部，这是天一阁藏书史上最大的一次流散；到了 1933 年，一次强台风对藏书楼又造成较大损毁，在众多有识之士的鼎力相助之下藏书楼得以重修扩建，从此，天一阁这座私人藏书楼进入了公私共管阶段；1949 年新中国成立，藏书楼转交国家，开启了国家力量支持保护下的"南国书城"建设发展的新征程。

启示：珍贵文物的最佳归宿一定是博物馆。

52

一件珍贵文物的最佳归宿

　　我认为，一件珍贵文物的最佳归宿毫无疑问是博物馆。我们知道，文物的特性之一是世代传承性，《孟子·离娄章句下》云："君子之泽，五世而斩。"意思是一个德行出众的君子，辛苦一生成就的事业，留给后代的恩惠福禄，经过几代人就消耗殆尽了。从天一阁的故事（具体见第132~134页）可以很清楚地看到这一点，不管最初的建立者为了不使藏书流散，如何苦心孤诣地制定家规，也不过经历一二百年的时间就被打破，而如果子孙的才德志趣与祖先不同，稀世珍宝带给他的未必是幸运，更可能是负担。

　　所以，珍贵文物只有保存在管理制度科学、安防设施齐备、环境稳定洁净、空间布局合理的现代化智慧型博物馆，由心怀敬畏、训练有素的专业人员妥善保管和守护，才能真正安全无虞地世代传承下去。

53

在考古发掘现场要注意什么？

在通常情形下，考古发掘带来的人为扰动会瞬间打破地下埋藏环境的相对稳定平衡，因此这一刻对于各种材质的文物都是极为危险的。为了确保文物的安全，需要在发掘之前制订应急保护预案，使用高科技手段如内窥镜等提前了解地下埋藏环境条件及埋藏情况，尽量做到发掘与保护同步进行。有机质地文物在发掘现场常常表现得残腐严重，甚至只剩下残痕遗迹，即使这样，因为其对科研工作的重要意义，仍然需要想方设法将有价值的遗痕遗迹辨识、加固、保存并起取回实验室，如果在现场不及时采取保护措施，对它们的后续研究工作将难上加难。无机质地文物虽然相对较好，但由于经过千百年的地下（或水下）埋藏，通常也非常脆弱，对待这样的脆质文物，发掘时需要把握"三不三边"原则：不轻易扰动、不使环境发生突变、不直接起取；边加固、边起取、边记录，等等。

54

在考古发掘现场如何起取文物？

在考古发掘现场，对于脆质文物通常采用托盘、托网、插板、套箱、匣取、石膏或高分子树脂封固等方法，必要时连同周围土壤一同切割起取回实验室。需要注意的是，现场加固起取要为下一步的实验室二次发掘留有余地，采用的方法和材料要具有可再处理性。常用的起取材料有木板、金属板、玻璃纤维、硅橡胶、聚氨酯泡沫、塑料薄膜等，加固材料有聚醋酸乙烯酯乳液、丙烯酸类树脂、三甲树脂、石膏、桃胶、薄荷醇、环十二烷、液氮、液态二氧化碳等。

对于只剩外形残痕而内部形成空腔的遗物，可采取灌注石膏（或高分子材料）将文物的形状保存下来的起取方法；某些胎质完全腐朽、只剩漆皮的大型漆器，可以像揭取壁画一样将其揭取回实验室；一些薄脆的织物和薄胎器物可使用棉纸、麻纸、纱布等材料对其加固补强后再起取，对于文物碎片成层分布的也可采取背衬加固的方法整体起取。

55

文物的预防性保护

　　中国传统中医理论认为"上医治未病、中医治小病、下医治大病"，以此来强调"预防胜于治疗"的道理，这一点同样适用于对文物的保护，所以我国文博领域的法律法规都强调要注重文物的日常养护。西汉马王堆汉墓"千年古尸不腐"的例子告诉我们，在最佳环境下，最脆弱的有机质地文物——古尸也可以完好保存上千年。因此，当前国际上提倡对文物的"预防性保护"理念，就是指对文物本体最小介入或零介入，通过调控最佳环境使文物得以"延年益寿"，并且将对文物的保护性破坏隐患降到最低。所以，对文物最佳保存环境的控制是文物保护重要的研究内容之一。

56

文物整理操作基本规范

不当操作造成文物损坏

文物保护要体现在与文物有关的方方面面，包括正确的拿取、包装、运输等环节，要重视整理、操作基本技能训练。因为文物最脆弱的地方就是脖颈、四肢、提梁、把手、口沿、耳、腿、足等，整理、操作、搬运时绝不允许用手拿在这些位置，而要捧住重心部分或用托板托运，要遵循稳、准、隔、紧的"四字要诀"：稳就是双手捧持，放置安稳；准就是大、小、高、低、轻、重拿准；隔就是避免碰撞，分装间隔；紧就是缝隙填实，包裹束紧。文物包装过程要做到"七防"：防水、防潮、防霉、防虫、防震、防尘、防变形；囊匣随形定制，内衬材料选用无酸纸等安全耐久材质。

文物整理操作基本规范具体如下。

（1）将每一件文物都视为最珍贵且不可替代的。

（2）只有在绝对必要时才进行整理搬运，文物接触搬动的次数越少，存世越久。

（3）未经专业训练不得接触文物！

（4）接触文物时务必戴合适贴身的手套，并经常洗手，保持手部清洁。具体方法如下，一般情况下戴干净洁白的纯棉手套，当搬动表面光滑的陶瓷和玻璃器皿、表面油腻黏滞的藏品、脆弱或已受损的纸张或某些自然历史标本时，要戴合适的乳胶塑料手套。

（5）须穿专用的工作服，尽量避免文物碰触脸和头发，以防止身体上的油脂转移到文物上；不要直接对着文物说话、咳嗽，整理脆弱易损的珍贵文物时要戴口罩、发套。

（6）不要佩戴可能刮擦文物表面的饰物，如戒指或其他首饰、手表、皮带扣、服务徽章等。

（7）在文物附近禁止吸烟、吃喝、说笑。使用铅笔，尽量不使用钢笔或圆珠笔、水性笔。

（8）搬运之前仔细地检查文物。

①它由几部分组成？是否脆弱易碎？

②从前的修复黏结是否牢固？黏结剂是否已失去性能？

③是否已经充分考虑它可能的受损情况？

④要置放的地方是否已打扫干净，空间足够容纳它吗？

（9）一次只搬运一件，小件儿可以放在有柔性的铺垫儿且彼此隔离的托盘中一起搬运，脆弱的藏品应使用额外的支撑设备，如托盘、筐篮、滑轮车等。

（10）搬运时使用双手把持在文物最坚固的部位，不要抓握突出部位，如把手、嘴儿、耳、提梁、腿足、边缘等，如茶壶要一手托底儿，一手把住基部，不要抓握把手或嘴儿。

（11）文物包含两个以上的部件，如茶壶和壶盖，要分开拿，一次只拿一个部件。

（12）固定松散的、不能分开的零部件。

（13）对于体量较大的文物，从基部（或重心附近）抬起，尽量靠近身体。如果需要多人合作，大家要平衡用力，协同行动。

（14）不要试图在平面上推拉或拽动文物。

（15）不许堆叠摆放，要有充裕的工作空间。

（16）操作过程中文物始终保持不脱离工作台面，所有的工作台面都要铺垫柔性的缓冲材料，如棉布、海绵或聚乙烯泡沫等。

（17）如果要经过门，事先将门打开并将重物置放在门口，以使门始终保持开着，防止经过时碰撞。

（18）注意力集中，慢慢地移动，不要急躁冒进。

（19）保留所有与文物有关的信息（如标签、残渣等），随时编号记录并随器物一起移动。

（20）如果不小心损坏了文物，要作详细记录（照相、文字、绘图），并及时向上级领导汇报。

57

遗迹遗物相对长久保存的
特殊情境

　　遗迹遗物能够保存下来，通常其赋存的环境应具有密封、避光、绝氧、稳定等特征，如寒冷的极地、高纬度地区、高海拔地区、干燥的沙漠地区、潮湿的沼泽或湿地、饱水环境、火山灰覆盖地区、人迹罕至的热带雨林等，在有机物中动物遗存比植物遗存更容易保存下来，它们或以化石的形式，或被过火炭化。

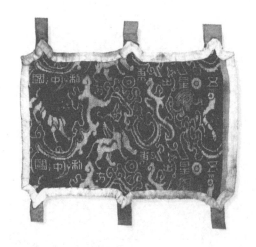

58

博物馆环境控制的重大意义

当前，国际上大力提倡和推广对文物的预防性保护，而对文物保存环境的研究和控制就是对文物的预防性保护措施的具体实施，它们对于文物长久安全的存世具有重要的意义。

作为我们研究的对象，文物和其他物体一样，无时无刻不与外界环境进行着能量和物质的交换，直到达到动态的平衡后，趋于相对的稳定，在这种稳定状态下，甚至是比较娇弱的有机质地文物，都可以较好地保存几百年、上千年，马王堆出土的西汉女尸即为其证。这就是我们认为通过环境控制可以更有效、更安全、更长久地达到保护文物目的的理由之一。

理由之二是在文物的科技保护中，任何一种新技术、新材料的引进和使用，都必须要经受实际存放环境的长时间考验，几十年，甚至上百年，而实际环境是复杂多变的，这不是实验室的加速模拟劣化实验所能完全解决的，历史上，短暂保护、永久损坏的例子不胜枚举，这迫使我们将工作重心向最佳环境控制转移，环境控制最直接地体现了文物保护工作中的"最小介入"的理念。

在博物馆中，环境控制包括宏观环境控制，如中央空调控制；微观环境控制，如调湿密封柜、除氧密封袋等。

此外，文物存放环境还分为收藏环境和陈列环境，后者要考虑观众的舒适度等方面的问题。

对博物馆的环境进行控制的时候，一方面要考虑到博物馆所处的外界气候环境的影响，另一方面要充分考虑到文物对其长期暴露的环境的逐渐适应的问题，因为环境条件的"突变"是造成文物损坏的主要原因。此外，还要考虑文物的"历史年龄"。以上几个方面，决定了博物馆的环境控制不会是一成不变的，它应因时、因地、因物的不同而作适当的调整。

环境因素包括温度、湿度、光辐射、空气污染、生物作用等。文物的质地不同，对环境因素的要求也各不相同，而文物的劣变常常是几种因素交织在一起互相促进、互相引发、共同作用的结果。总的来说，一个理想的博物馆收藏环境就是要创造温度、湿度恒定，光辐射、空气污染、生物作用尽量趋近于零的稳定、洁净的环境，对于陈列时所必需的光的照明，要通过减少光的强度和光照时间来降低对文物的危害。

当前，关于文物保存、运输、展示中涉及的库房、储存柜、展柜、囊匣、密封袋等"稳定洁净、节能环保、智慧调控"的环境控制技术是文物科技保护中新兴的朝阳领域。

59

博物馆环境最重要的指标

当前，我国博物馆环境贯彻"稳定洁净、绿色环保、智慧调控"的理念，其中，最重要的指标就是温度和湿度，而湿度的作用尤为显著。

温度、湿度的控制有两个标准：低标准是指排除主要危险因素，如因高湿度而导致的化学老化反应和霉菌生长等，低湿度导致文物的碎裂等问题；高标准的要求意味着在全年的每一天之中，不论是白天还是夜晚，博物馆内部都具有相对恒定的温度、湿度值，当然，这是一种非常理想的状态，在实际工作中，我们所能做的只能是让其变化的幅度尽量减小。

一般来说，博物馆内部温度、湿度的变化受外界大气环境的影响，其变化规律与室外气候变化相同，只是时间上稍有滞后，变化幅度稍微减小。因此，对博物馆温度、湿度进行控制，应充分考虑室外大气温度、湿度的变化规律，也就是说，要根据博物馆所处的大气气候环境，采取相应的控制措施。而要从根本上解决此类问题，就要提高文物保存环境的密封性，同时，按照文物材质特性配备相应的恒温恒湿低氧设备，从而保证维持有利于藏品的最佳环境，也要充分考虑各类文物对当地环境的长期适应性。

温度和湿度是相互关联的物理量，温度高的空气能容纳较多的水蒸气，反之亦然，所以我们有温暖湿润、寒冷干燥的常识。而在实际工作中，我们需要一个不受温度影响的湿度度量单位，因此要引入相对湿度的概念。

相对湿度（R.H.）是一定量空气中的实际含水量（m）与同温度下的饱和含水量（M）的比，其公式为：

R.H.=m/M ×100%

饱和含水量是指一定温度下所能容纳水汽质量的最大值，也就是说，空气到了不能再容纳更多气态的水分时，它就达到饱和。假如将达到饱和的空气加以冷却，其中的水分就会立即以露珠形式凝结下来，因为温度较低的空气不能负荷温度较高时的同量水分。

相对湿度的大小直接反映空气中水蒸气含量与饱和值的差距。温度上升，相对湿度下降，反之亦然，即升温降湿，降温增湿。

博物馆室内的温度、湿度随着室外温度、湿度的波动而相应变化。季风、日照、降雨、观众的流量等因素都直接关系着室内温度、湿度的升降。控制室内适宜的温度、湿度，必须从以下几个方面入手。

①需要良好的库房建筑质量，即有完善、良好的密封、隔热、防潮、通风设施。这是稳定库内温度、湿度的基本保证。

②安装空调系统，使库房的温度、湿度控制在标准范围之内，是创造博物馆适宜环境的有效手段。

③要有严格的科学管理制度，注重日常监控和养护。如果博物馆没有安装空调系统，可单独使用调温、控湿设备，如使用柜式恒温恒湿机、空调器、机械去湿机、干燥剂等，这些都是在特殊情况下采取的权宜之计的应急措施。也可以采取以下措施进行控制和调节。

（1）自然通风

自然通风不仅能降低温度，亦能降低相对湿度，是一种经济、方便的调温、控湿方法，但不是最好的方法，因为环境因素瞬间波动较大。由于库内、外的温度、湿度变化比较复杂，是否可以通风应根据具体情况进行选择。

当室外空气的相对温度和湿度低于库内时打开门窗，使室内外的空气进行自然交换，降温降湿。

当室外温度和绝对湿度低于室内而相对湿度稍高时，可以通风。

当室内外温度接近，室外相对湿度比室内低，或室内外的相对湿度接近，而室外温度较室内低时，可进行通风。

当室内外绝对湿度接近，而室外温度稍高，但相对湿度低，如室内相对湿度很高，急需降湿时，可以通风。

以上措施也仅是权宜之计，虽有一定效果，但并不是长期安全可靠的。

（2）使用调湿剂控制湿度

调湿剂按使用方式区分为固体调湿剂和液体调湿剂。固体调湿剂常用的有变色硅胶、无水氯化钙、分子筛、活性炭、生石灰、BMC 材料等，以变色硅胶和 BMC 材料调湿剂为佳，一般在文物柜、陈列柜内放置调湿剂来调节柜内湿度。变色硅胶吸水饱和很快，烘干后可反复使用，因价格较贵目前已逐步被 BMC 材料调湿剂代替。BMC 材料具有较优异的调湿性能，能保持密闭环境中相对湿度的稳定。此外，木头、木炭、纸张、天然纤维织物等都是优良的环境缓冲材料。

60

保持博物馆环境洁净的方法

大气污染对文物的危害日趋严重，治理环境、保护文物是人类社会的共同任务。防止空气污染，降低大气污染对文物的危害程度，可采取以下措施。

（1）排除污染源

新建博物馆、美术馆、图书馆的馆址应选择在环境优美、空气新鲜、四周有园林绿地的地方。在博物馆附近不得有工矿企业、饭店，不得有污水坑，不得燃烧矿物燃料，不得设立停车场，尽量清除空气污染源。

（2）绿化环境

在博物馆周围种花、植树不仅可以美化环境，而且能吸收空气中的有害气体和灰尘。空气中的二氧化硫被植物叶片吸收后，有 92.5% 的二氧化硫转化成硫酸盐积存在叶片内，剩余的 7.5% 被利用形成氨基酸和蛋白质。经检测，受二氧化硫污染的影响，植物叶内含硫量比对照区高出一倍甚至三倍之多。在植物能忍受的浓度范围内，植物含硫量与空气中二氧化硫的浓度成正比。同样，植物还能从空气中吸收氯气。由此说明，植物叶片具有吸收有害气体的能力。

花草不仅能够吸收有害气体，而且对空气中的尘污有明显的滞尘、过滤、吸附的作用，乔木林带的作用更为显著，如敦煌莫高窟石窟的防护林带对石窟壁画的保护发挥了一定的作用。经检测表明，绿化区的尘污浓度一般比非绿化区要低10%～15%。另外，花草树木还具有杀虫、灭菌、消除噪声、遮阳降温、降低风速、固定流沙的功能。在博物馆建筑物四周广植树木、花卉是改善博物馆环境状况的积极措施。

（3）空气的净化与过滤

保持空气洁净的最理想办法是提高库房、陈列室门窗的密闭程度，并对进入库房、陈列室的空气进行净化和过滤。

对空气的净化主要是除去空气中的有害气体。如果要除去酸性气体，可将空气通入碱性溶液中，使其中的酸性气体成为盐类而分离，或者与空气过滤器结合，在滤层中放入碱性物质，不仅能消除空气中的有害气体，而且能阻止大气粉尘通过。

空气污染物中含有金属粉尘、植物纤维、霉菌孢子等微粒，由于微粒的粒径很小，为确保过滤的效果，应采取带有阻隔性质的过滤分离办法清除空气中的微粒。

空气净化系统一般采用粗效过滤器、中效过滤器和高效过滤器组成的三级过滤方式，各级过滤器的作用是不同的。粗效过滤器主要用以阻挡空气所携带的直径$10\mu m$以上的沉降微粒和各种异物进入过滤系统；中效过滤系统用以阻挡直径 $1 \sim 10\mu m$ 的悬浮微粒；高效过滤器主要用以过滤直径 $1\mu m$ 以下的微粒。在实际应用中，一般将中效过滤器和高效过滤器进行串联使用。

目前，我国有滤纸过滤器、纤维层过滤器、发泡材料过滤器、静电自净器等。各种过滤器具有不同性能和特点，应根据实际需要选用。

61

博物馆文物防震保护

2008 年 5 月 12 日汶川地震中，共有 169 处全国重点文物保护单位、250 处省级文物保护单位受到不同程度损害。

据不完全统计，在地震中，因建筑倒塌受损的文物约占 48%，因文物展柜、支架倾覆而受损的文物约占 30%，因文物坠落、滑移等受损的约占 22%，由此可以看出，对于博物馆文物的防震保护，博物馆选址及建筑结构防震、收藏及陈列的橱柜架固定缓冲防震、文物收藏及展陈时采取绑缚卡固等措施，都是非常必要的。

当前，虽然博物馆工作人员已经普遍认识到文物防震的重要性，但对于具体如何实施和操作，在细节上仍然需要改进和提高，尤其需要加强预警监测，以及针对脆弱且珍贵的文物采取防震加固措施的可行性评估和标准化建设工作。

六 文物保护工作者指南

中国之营造学，在历史上，在美术上，皆有历劫不磨之价值。启钤自刊行宋李明仲《营造法式》，而海内同志，始有致力之途辙。年来东西学者，项背相望，发皇国粹，靡然从风。方今世界大同，物质演进，兹事体大，非依科学之眼光，作有系统之研究，不能与世界学术名家，公开讨论。启钤无似，年事日增，深惧文物沦胥，传述渐替。爰发起中国营造学社，纠合同志若而（尔）人，相与商略义例，分别部居。庶几绝学大昌，群材致用。

⋯⋯⋯

挽（晚）近以来，兵戈不戢，遗物摧毁，匠师笃老，薪火不传。吾人析疑问奇，已感竭蹶，若再濡滞，不逮数年，阙失弥甚。曩因会典及工部工程做法，有法无图。鸠集师匠，效《梓人传》之画堵，积成卷轴。正拟增辑图史，广征文献。又与二三同志，闭门冥索，致力虽劬，程功尚鲜。劫运无常，吾为此惧。亟欲唤起并世贤哲，共同讨究。或以智识，相为灌输；或以财物，资其发展。就此巍然独存之文物，作精确之标本。又不难推陈出新，衍绎成书，以贡献于世界。①

—— 朱启钤（1872~1964）

中国现代文物保护的"开山鼻祖"、营造学社创始人

---

① 标点符号为本书作者所加，括号中内容为作者标注。

62

文物保护从业者最重要的职业素养

毫无疑问，文物保护从业者最重要的职业素养是怀有敬畏之心。

在《文物修复师国家职业技能标准（2021 年版）》中，关于从业人员职业道德的要求列出五条职业守则：(1) 遵纪守法，不以物惑；(2) 道德当身，心存敬畏；(3) 实事求是，谋定后动；(4) 爱岗敬业，精益求精；(5) 钻研业务，科技创新。

我们认为，其中最重要的是要有敬畏之心。只有心存敬畏，才能爱岗敬业，精益求精；才能自觉自律，遵纪守法；才能实事求是，不敢妄为；才能努力钻研，勤学苦练。因为文物保护修复工作的对象特殊，所以对从业人员的职业素养要求较高。

修复文物的过程就像乘坐时光机穿越时空与古人握手交谈，喧嚣浮躁的外部世界会在这一刻静止。在一件件精美的文物面前，人会感觉到自我的渺小，相对于文物漫长的存世时间，每个人的职业生涯何其短暂，所以文物保护修复人员要始终怀有对历史的敬畏之心，有强烈的责任感和使命感；要耐心细致专注，不仅有较强的动手能力，还要知识广博、文理兼修，既熟悉物质材料的理化特性，还要与时俱进，了解新技术新手段；同时，要耐得住清贫寂寞，经得起诱惑，并有较好的团结协作精神。因为开展一项文物保护工作，常常需要多部门、多学科协调配合齐心协力共同完成。

63

文物保护的科研工作

我国的文物保护科研工作大多针对实际工作中的重点、难点、瓶颈问题，由考古文博单位、科研部门、高校及商业公司根据需要进行课题设计联合攻关，开题前进行广泛的调查研究和全方位论证，包括历史背景、保存现状、价值评估、检测分析、经费预算、国内外研究现状以及课题的特点、重点、拟突破的难点和瓶颈问题等，分析课题的必要性和可行性，寻找突破口，设计实验进行分析比较研究，制订文物保护方案，经专家论证通过后实施，最后是产品申请专利、成果推广等。

当前，国家文物局以设立各专项保护重点科研基地的形式进行经费、政策倾斜开展课题攻关，已设立 40 家科研基地（截至 2023 年），列举如下。

（1）古代壁画保护国家文物局重点科研基地（敦煌研究院）

（2）陶质彩绘文物保护国家文物局重点科研基地（秦始皇帝陵博物院）

（3）出土木漆器保护国家文物局重点科研基地（湖北省博物馆、荆州文物保护中心）

（4）砖石质文物保护国家文物局重点科研基地（陕西省文物保护研究院）

（5）馆藏文物保存环境研究国家文物局重点科研基地（上海博物馆）

（6）文化遗产保护规划国家文物局重点科研基地（中国建筑设计研究院）

（7）空间信息技术在文化遗产保护中的应用研究国家文物局重点科研基地（清华大学）

（8）文物建筑测绘研究国家文物局重点科研基地（天津大学）

（9）古陶瓷科学研究国家文物局重点科研基地（中国科学院上海硅酸盐研究所）

（10）古陶瓷保护研究国家文物局重点科研基地（北京故宫博物院）

（11）博物馆数字展示研究国家文物局重点科研基地（湖南省博物馆）

（12）金属与矿冶文化遗产研究国家文物局重点科研基地（北京科技大学）

（13）金属文物保护国家文物局重点科研基地（中国国家博物馆）

（14）纺织品文物保护国家文物局重点科研基地（中国丝绸博物馆）

（15）动植物考古国家文物局重点科研基地（中国社会科学院考古研究所）

（16）考古年代学国家文物局重点科研基地（北京大学）

（17）考古发掘现场文物保护国家文物局重点科研基地（陕西省考古研究院）

（18）纸质文物保护国家文物局重点科研基地（南京博物院）

（19）明清官式建筑保护研究国家文物局重点科研基地（故宫博物院）

（20）传统木构建筑营造技艺研究国家文物局重点科研基地（东南大学）

（21）体质人类学与分子考古学国家文物局重点科研基地（吉林大学）

（22）文物保护领域科技评价研究国家文物局重点科研基地（北京化工大学）

（23）乡土文化遗产保护研究国家文物局重点科研基地（山东建筑大学）

（24）木结构古建筑安全评估与灾害风险控制国家文物局重点科研基地（北京工业大学）

（25）文物本体表面监测与分析研究国家文物局重点科研基地（天津大学）

（26）城市考古与保护国家文物局重点科研基地（河南省文物考古研究院）

（27）石窟寺文物保护工程技术集成与应用研究国家文物局重点科研基地（中铁西北科学研究院有限公司）

（28）石窟寺文物数字化保护国家文物局重点科研基地（浙江大学）

（29）馆藏壁画保护修复与材料科学研究国家文物局重点科研基地（陕西历史博物馆、西北工业大学）

（30）水利遗产保护与研究国家文物局重点科研基地（中国水利水电科学研究院）

（31）馆藏文物有害生物控制研究国家文物局重点科研基地（重庆中国三峡博物馆）

（32）旧石器时代人类生存与演化国家文物局重点科研基地（中国科学院古脊椎动物与古人类研究所）

（33）近现代文物建筑保护利用国家文物局重点科研基地（上海市房地产科学研究院）

（34）中医药文物研究国家文物局重点科研基地（中国中医科学院中药研究所）

（35）文物防震国家文物局重点科研基地（中国航空规划设计研究总院有限公司）

（36）古建筑木材科学研究与保护国家文物局重点科研基地（中国林业科学研究院木材工业研究所）

（37）寒区旱区生物考古国家文物局重点科研基地（兰州大学、甘肃省文物考古研究所）

（38）古环境重建与生业考古国家文物局重点科研基地（山东大学）

（39）文物领域核技术应用与装备国家文物局重点科研基地（中国科学院高能物理研究所）

（40）云冈学研究国家文物局重点科研基地（云冈研究院）

当前我国文化遗产保护以科研基地为中心带动研究、宣传和保护利用综合发展的态势渐趋明朗。从地域分布上看，首都北京凭借得天独厚的文化遗产和科研资源，拥有的重点科研基地居全国第一位，其次是陕西和上海。这个分布直观地表现了我国目前文物科研力量的区域性差别，今后需要大力加强各地区统筹规划协调均衡发展，才能真正与"世界文化遗产大国"的称号相匹配。

64

文物保护修复方案的制订

　　文物保护不同于一般的器物修复，需要遵守严格的程序：首先要由有资质的单位制订详尽的保护修复方案，报批通过后划拨经费才可以正式实施具体的保护措施。要根据文物的级别或文物保护单位的级别制订相应的修复方案。馆藏一级文物一件对应一个保护修复方案，二级、三级同类文物可以集中制订保护修复方案。

　　保护修复方案通常包括以下几方面内容：背景介绍（委托单位、承办单位、时间限定、人员、责任）、地理位置、自然环境特征（包括水文地质情况）、历史沿革、以前的保护修复情况、价值评估、保存现状调查（制作材料和工艺、病害类型和分布、绘制病害图）、制订保护方案（理论依据、遵循原则、工作目标、拟采取的技术路线和保护修复程序、材料和步骤、保存环境建议、工作进度、经费预算等）。其中要尽可能做详尽的文字描述，术语要符合国家发布的标准，辅之以图表、数据、检测和分析（定性和定量）报告、绘图、照片及音频视频资料。

65

文物保护的方法及特点

在文物保护领域，经常运用科学研究中的类比法和移植法，但不能完全照搬，要根据文物的特殊要求进行改进和提高，务求安全、稳妥、有实效。

文物材料的品类多样决定了文物保护工作的复杂性和特殊性。文物保护中涉及的成分结构分析及保护材料研究与食品、金属、航天航空等领域中涉及的材料防腐保存具有很大的相似性，现有的很多文物保护技术就是直接借鉴了这些领域的成功经验。例如，青铜器的常用缓蚀材料苯并三氮唑（BTA）是国内外用于铜及铜合金的缓蚀剂。但由于文物具有不可再生的特性，所以对应用在文物之上的保护技术和材料的要求特别严格，对文物的分析检测要求应用先进的现代化仪器进行微量分析和无损检测，采用的方法和材料要求不改变文物的原状，要具有长期稳定性、可再处理性、安全无隐患，防止"保护性"损害；修复文物古迹时要遵循"五个原"：原材料、原工艺、原样式、原结构、原环境，并进行可识别性标示；对新技术和新材料的采用有严格的要求和规定，通常要相对谨慎，经长时间证明行之有效才可推广应用。

具体来说，新技术、新材料的应用要经过严格的试用性实验。

（1）要设置空白对照实验并与当前公认较好的保护方

法做可比性实验。

（2）要进行模拟加速劣化实验、动态加速劣化实验和实际存放环境条件下的试验。例如，纸张的模拟加速劣化实验标准：在温度为 105℃ ±3℃的条件下保存 72 小时，相当于 25 年的加速老化（测量不同纸张耐久性也可将加速老化时间适当延长）。动态加速劣化实验是在温度 50℃以下，相对湿度在 50% ~ 80%，每 3 小时变更一次。法书、画画、纸张、纺织品等脆弱有机材料在使用试剂清理之前要进行点滴实验。

（3）先用文物的代用品或有可比性的文物残片进行实验，逐步用于有残缺的文物，再应用到一般文物，最后才应用到珍贵文物。

（4）根据文物的具体情况采用最优化保护方案。例如，当铁器仅表面锈蚀，铁芯保存尚好时，可以采用清洗—除锈—缓蚀—封护的操作顺序。如果铁芯已腐蚀殆尽，那么就只能在对表面进行简单清理后，直接进行加固封护。

（5）在文物保护过程中，随时做好信息记录（画图、照相、录像）、备案存档工作，履行严格的审批程序。

综上所述，借鉴改进、无损保真、谨慎应用、遵守程序是文物保护工作的主要特点。

66

文物保护修复实验室

中国的文物保护修复实验室多数依托考古研究所、博物馆以及高校等科研馆藏单位，根据馆藏和地域特色结合科研实力有针对性地开展各级文物保护工作，如进行文物保护科技战略规划、基础研究、项目攻关、文物保护方案制订、修复技术研究和应用推广、标准制定、效果评价、数据库建设、日常养护和环境监控等。按照文物的级别，一级藏品的保护修复实验室属于一级风险单位，需要进行一级防护，如配备报警装置、电视监控、藏品专用保险柜、防弹防爆玻璃展柜等；二级、三级藏品的保护修复实验室属于二级风险单位，需要进行二级防护。

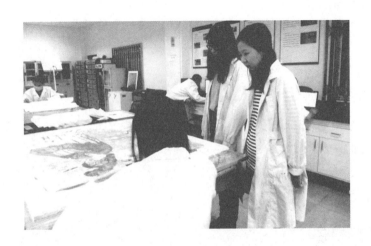

67

为什么有机质地文物比无机质地文物
更脆弱、更难以保存？

　　组成物质的微观粒子之间结合的作用力用化学键来表征，无机化合物是发生了电子得失的离子键，有机化合物是共用电子对的共价键，离子键的键能要高于共价键，也就是说打开无机物的离子键需要更多的外界能量，而少许能量如光照就可以打开有机物的共价键，因此离子键比共价键更稳定，表现就是有机质地文物比无机质地文物更脆弱、更难以保存。例如，根据使用工具的材质将人类历史时期划分为石器时代、青铜时代、铁器时代，这些工具全部是无机物。难道石器时代就没有使用木质、竹质材料吗？应该有，只不过有机质地文物难以保存至今而已。我国青铜时代有木构件遗存，但数量稀少，多为残件，而较早的木建筑是山西五台山唐代南禅寺大殿［唐建中三年（782）重建］。木材、纺织品都是有机质构成的，因此有机质多以锈迹或残痕的形式保留在文物上。

　　在我国考古界重大科研课题——中华文明探源工程中，如何充分发掘和认识这一时期的遗存是研究工作的难点，因为在久远的年代，脆弱的有机类物质大多消失殆尽。比如，甲骨文是我国目前所知最早的文字，是商朝王室贵族的占卜档案资料，因其刻写在加工过的龟甲兽骨[1]上而保存下来。许多迹象表明，当时似乎还有其他书写方式和材料，比如，《尚书》中记载"惟殷先人有册有典"；商周史官称"作册"；甲骨文中的"册"字好像连缀起来的竹简、木简；已发现的甲骨文字数超过 5000 个，是处于成熟阶段的文字，而且作为一种契刻文字，其笔画刚直俊朗，但一些早期甲骨文字体尚留有毛笔书写的特点……因此推测比甲骨文更早或与其同时的文字可能是用毛笔书写在竹简、木简上，但这样的材料时至今日都没有发现，原因或许是竹、木容易糟朽而早已湮灭在历史长河中。所以，辨识、记录和保存这类遗迹遗存成为考古工作中的重要内容，而考古发掘现场有机物的提取和保护技术则成为一个重点攻关课题，期待科研工作者"化腐朽为神奇"，妙手回春再现历史的真实。

---

① 龟甲兽骨由无机、有机材料组成，但因经历过整治，加上深埋地下，得以保存下来的多为碎片。

68

文物保护中有"点石成金"术吗?

在文物保护中，人们经常认为有"点石成金"术。实际上，不仅没有一劳永逸的"点石成金"术，也没有"放之四海而皆准"的万能保护试剂和技术。因为文物的个体差异较大，其经历的环境千差万别，所以每一件文物都是不可替代、不可再生的独特个体，因此在制订保护修复方案时，一定要根据其具体情况做具体分析，有针对性地区别对待。

69

中国文物保护学科建设的
重要事件

1919 年，实业家、古建筑学家朱启钤发现宋代抄本《营造法式》，如获至宝，积极组织名家学者将其校印出版，并成立"营造学会"，收集整理古代营造文献，《哲匠录》《漆书》等得以辑录，这是中国近代史上关于古建文物保护方面最早的实践活动。1930 年，中国营造学社成立，逐渐开展古文献整理及古建实地调查与科学测绘等工作，为古建研究范式奠定了较好的基础。

20 世纪 30 年代胡肇椿《古物之修复与保存》的出版，开了我国出版专门的文物保护专著的先河。1981 ~ 1991 年，中国文物保护技术协会出版了 6 册《文物保护技术》集刊，它们成为当时广大文物保护科技工作者的启蒙读物。1989 年是我国文物保护的一个重要年份。这一年，重要的文物保护专门期刊——《文物保护与考古科学》创刊；同年，西北大学开办文物保护技术专业，招收理科本科生，培养文物保护专业人才。以提高科研水平和培养人才为宗旨的高等院校文物保护专业及课程的设立和开设，标志着我国的文物保护学科发展开始步入正轨。

1991 年，敦煌研究院的李最雄获得日本东京艺术大学保存科学博士学位，成为我国第一位文物保护科学博士。与此同时，一些高等院校理工学科开始介入文物保护考古研究。1997 年，吉林大学考古学及博物馆学系开设文物保护技术课程；1998 年，北京大学考古文博学院设立文物保护专业，招收理科本科生；2000 年，教育部批准在西安交通大学设置文物保护技术工程专业，招收工科类本科生……时至今日，我国已有近百所院校开设了文物保护课程，作为考古学、文物与博物馆学、历史学等专业的必修或选修课。2016 年，西北工业大学成立材料科学与考古研究中心，面向丝绸之路沿线出土文物，围绕"一带一路"倡议，专门从事文物材料与古代工艺研究、文物保护材料研发等，推动纳米技术在馆藏壁画保护中的应用，是文物保护学科实现文理交叉融合、强强联合、优势互补的新跨越。

近年来，我国文化遗产以科研基地为中心带动研究、宣传和保护利用综合发展的态势渐趋明朗，但文物科研力量的区域性差别较大，各地协调统筹规划均衡发展，才能真正与"文物大国"的称号相匹配，这一点应该是今后努力的方向。

70

中国文物保护科研工作的主要成果

多年来，我国在文物保护科研工作上取得了长足的进步，完成诸多文物保护课题，如四川金沙遗址出土象牙的封存保护、陕西李倕墓考古现场保护、湖南里耶秦简的保护、内蒙古吐尔基山辽墓出土文物的保护、陕西法门寺出土丝织品的保护、饱水简牍的脱水保护、彩绘秦俑的保护、旧纸张保护技术、PS 无机文化遗产保护材料系列、金缕玉衣的修复、徐州狮子山楚王陵出土铁盔甲的保护和复原、东汉"水银沁"铜镜表面处理技术研究等。

1997 年，由秦始皇兵马俑博物馆修复完成的秦始皇陵铜车马，是迄今已修复的出土青铜器中形体最大、结构最复杂、破损最严重的成组青铜文物之一。

对莫高窟壁画进行正规的保护修复工作开始于 1957 年，针对莫高窟壁画存在的大面积脱落、粉层起甲、地仗酥碱、褪色、熏黑等主要病害，修复时采用聚乙烯醇和聚醋酸乙烯乳液制成黏合剂，经过 40 年的实践，证明其耐老化、无色、价格低廉、工艺简单方便、效果良好，这一成果已在干燥地区壁画修复中推广。

由湖北省博物馆完成的古代饱水漆木器脱水加固定型，以乙二醛为脱水加固定型剂，漆木器收缩率接近零；长沙马王堆汉墓出土竹木漆器脱水修复技术、吉林集安长川一号高句丽墓壁画保护技术、云冈石窟围岩裂隙灌浆加固技术、敦煌莫高窟起甲壁画修复技术等项目在 1978 年全国科学大会上受到表彰。

1995 年，河南省古代建筑保护研究所完成了 20 世纪 50 年代长台关战国墓出土的 700 余件漆木器的脱水定型研究，以蔗糖为主要填充固定剂，脱水器物较好地保持了原貌，具有可再处理性，费用低。由浙江省博物馆研制的长效防霉防蛀装裱黏合剂，解决了书画装裱长期沿用的面粉糨糊易引发书画霉变、虫蛀及变色等问题。

前剂量饱和指数法测定瓷器热释光年代技术获 2004 年国家文物局文物保护科学和技术创新奖一等奖，敦煌莫高窟第 85 窟保护修复研究获二等奖；文物出土现场保护移动实验室研发、敦煌莫高窟风沙灾害预防性保护体系构建与示范被评为国家科技进步奖二等奖。

当前，考古发掘现场保护和多学科合作已经深入人心，在一些重大的考古发掘项目中发挥着不可或缺的作用，如江西海昏侯墓先进文物保护理念的应用等。

在 2023 年国家文物局工作总结会上，李群局长指出，过去的一年里文物工作取得突破性进展，文物古迹保护管理水平跃升，文物安全底线筑牢夯实，一批重大考古发现与研究成果实证中华文明突出特性，博物馆文化服务供给能力显著增强，革命文物保护利用赋能添彩，文物科技纳入国家科技创新体系，文物交流合作格局深化拓展，人才队伍建设持续加强，文物事业高质量发展取得明显成效。

71

重要不可移动文物的
维修与保护工程

20 世纪 50 年代维修河北赵县赵州桥，配合三门峡水库建设易地搬迁保护山西永乐宫古建筑群；1976 年起，承德避暑山庄及外八庙进行大规模整修；20 世纪 80 年代前后，保护复原唐长安城大明宫麟德殿，天水麦积山石窟加固工程（1977 ~ 1984），甘肃敦煌莫高窟洞窟大规模加固修复及化学固沙工程，云冈石窟石雕风化防治工程，龙门石窟抢险加固工程，西夏王陵维修保护工程，重庆大足石刻保护工程，敦煌莫高窟壁画保护修复及崖体加固工程，安西榆林窟的壁画保护修复及崖体加固工程，敦煌玉门关保护加固工程，河仓城保护加固工程，西藏三大重点文物保护维修工程（布达拉宫、罗布林卡、萨迦寺），杭州六和塔保护工程，云南昆明金刚塔维修工程，承德普宁寺大乘之阁保护工程，陕西彬县大佛寺石窟保护工程，天津独乐寺观音阁保护工程，抚顺平顶山惨案遗址遗骨防潮拱形桥式托体，北大红楼抢险抗震加固工程，北京故宫修缮保护工程，三峡淹没区及迁建区地面文物保护工程，白鹤梁题刻原地水下保护与展示工程，张飞庙搬迁工程，大昌古镇复建工程，新疆交河故城、西安大明宫含元殿遗址保护修复工程，新疆库木吐拉千佛洞石窟保护修复工程，龙门石窟保护修复工程，大足石刻千手观音造像、承德避暑山庄及周围寺庙、平安故宫、正定古城、应县木塔、武当山古建筑群等重点修缮工程，西藏空鼓病害壁画灌浆加固，秦俑土遗址保护，云冈石窟凝结水监测研究等。

　　积极开展国际交流，利用先进的理念和技术在甘肃敦煌莫高窟、北京故宫、西安大明宫遗址、洛阳龙门石窟、承德避暑山庄外八庙等地实施中外合作保护项目，同时参与援助一些国家的文化遗产修缮工程，如柬埔寨的吴哥窟古迹项目、蒙古国的博格达汗宫项目以及在 2015 年地震中严重受损的尼泊尔加德满都杜巴广场标志性建筑——"世界文化遗产"九层神庙及其附属建筑项目等。

72

中国水下文物保护大事件

我国东部南部濒海，有 300 多万平方公里海域、38 万平方公里领海、3.2 万多公里的海岸线和丰富的内陆水域，蕴含种类多样、数量巨大的水下文化遗产。水下文化遗产保护对象包括沉船及船载文物，海上丝绸之路、沿海海防和海战遗迹，古港口、造船厂、沿海盐业遗址等类型；保护工作内容涵盖水下考古、出水文物保护、巡查监护、执法管理、学术科研等领域。

1987 年，国务院批准成立由国家文物局牵头、多部门参与的"国家水下考古协调小组"。随着国家投入和支持力度的不断加大，我国水下文化遗产保护在理念、技术、人员装备、后勤保障等方面有了巨大的进步，工作水域已经逐步从近海拓展到南海和西沙等远海海域。"华光礁 I 号""碗礁 I 号"等沉船遗址的抢救性保护、发掘工作完成，"南澳 I 号"考古工作启动，"南海 I 号""丹东 I 号"等沉船考古取得突破性成果，"丹东 I 号"清代沉船（致远舰）水下考古调查获评"2015 年度全国十大考古新发现"。

"南海 I 号"考古发掘项目是中国主动开展水下考古工作的第一个项目，自 1987 年发现，到 2007 年整体打捞出水，历经长达 20 年的紧张筹备和训练，见证了我国水下考古工作从萌芽到发展壮大的成长历程。2007 年 12 月，"南海 I 号"

沉船整体打捞、整体搬迁、易地清理的保护方案变成现实，沉睡海底 800 多年的南宋沉船入住现代"水晶宫"，这标志着中国水下文化遗产保护理念的巨大进步以及保护技术上的重大创新和突破。 在"南海 I 号"发掘现场，考古工作者用封闭式硬探方、平面垂直摄影、"气升式抽泥机"结合水下绘图、三维扫描仪等新科技有效解决了水下考古中的一系列棘手问题，整个工程历时 264 天，调用 21 艘大型船舶，潜水员下水 3016 次，涉及多个学科和专业领域。2009 年底，广东海上丝绸之路博物馆正式开馆，包括沉船展示和沉船考古展览、海上丝绸之路历史展览、"南海 I 号"珍品展览、中国水下考古展览等五大展区，是为"南海 I 号"量身建造的大型水下考古博物馆。

2006 年，位于海南省、发现十余处沉船遗迹的海上丝绸之路必经之地——北礁沉船遗址被核定为第六批全国重点文物保护单位。"华光礁 1 号"沉船遗址位于海南省西沙群岛华光礁环礁内侧，其水下考古发掘是中国第一次大规模远海水下考古。2007 年对该沉船进行了大规模发掘，出水了上万件珍贵文物，开展了水下文化遗产探测技术研究、水下文化遗产标注和定位技术研究、水下文化遗产空间信息管理技术研究、水下文化遗产虚拟现实可视化技术研究等。2016 年 4 月 24 日，"问海——'华光礁 1 号'沉船特展"在南京博物院开展。

2009 年 5 月 18 日，世界第一座遗址类水下博物馆——重庆白鹤梁水下博物馆建成开馆，这标志着原址保护的重要性在我国开始得到充分重视。LED 深水照明技术、水下实时 CCD 摄像观察技术让深入水下廊道的观众惊叹"水下碑林"的神奇，体会到"无压容器"等方案所展示的科技力量。

2009 年 9 月 28 日成立了"国家文物局水下文化遗产保护中心"，并于 2010 年、2014 年相继建立国家水下文化遗产保护青岛基地（2010 年 8 月 25 日）、宁波基地（2014 年 10 月 16 日）；2011 年 4 月 22 日，"国家水下文化遗产保护武汉基地"成立，这是国家文物局首次在中国内陆设立水下文化遗产保护基地。

2010 年底，中国与肯尼亚联合实施的肯尼亚拉穆群岛地区联合考古项目正式启动，我国水下考古开始走出国门。

2013 年，开展南沙群岛海洋考古发掘工作。

2014 年 1 月，我国首艘水下考古船——"中国考古 01 号"下水，我国水下考古从此告别"租用渔船时代"。

2014 年 7 月，宁波"小白礁 I 号"清代木质商船及千余件文物打捞出水。此项水下考古通过采用多种高科技手段，如水下三维声呐成像、三维激光扫描、正射影像采集、六旋翼飞机航拍等，全面获取沉船在海底保存状况的测绘数据和三维模型，构建海底古船三维虚拟复原图像，获取正射影像、空中鸟瞰、空中全景等图像，实现了对北渔山岛水下考古现场的数字化管理与三维展示。同时采取加固定形、防霉杀菌等保护流程确保船体信息资料完整性及现场保护的科学性。

2016 年 5 月，"小白礁 I 号"和"南澳 I 号"水下考古荣获首届中国考古学大会（2016·郑州）田野考古奖三等奖。

2014 年，漳州古雷圣杯屿元代沉船遗址在福建省博物院组织开展相关海域水下文化遗产考古调查时首次被发现确认。2021 年，国家文物局考古研究中心等单位对该遗址进行了第三次调查，发现水下堆积主要为瓷器和船体，尤其是船体两侧约 300 平方米的范围内文物密集，甚至有成摆的瓷器堆积，且绝大部分可以复原。此次调查还采集标本近 700 件（套），器类丰富，包括碗、盏、盘、洗、高足杯和香炉以及龙纹大盘和双鱼洗等，根据出水器物特征推测沉船年代为元代晚期。2022 年 8 月 25 日全面开展水下考古发掘工作。漳州古雷圣杯屿沉船遗址是目前我国发现的保存较好的元代海船遗址，是我国海上丝绸之路高峰期——元代中晚期海上贸易的典型代表，该遗址的发掘为研究我国元代航海史、造船史、海洋贸易史、海上丝绸之路等提供了不可多得的实物资料。

2022年11月21日，"长江口二号"古船被成功整体打捞出水，是目前国内乃至世界上发现的体量最大、保存最为完整、船载文物丰富的古代木质沉船之一，填补了我国清代晚期大型木帆船研究空白，对中国乃至世界造船史、航运史、陶瓷史、经济史等研究均具有十分重要的意义。该古船的发现和探测综合使用了"浑水水域水下成像装置"、机器人、无人艇、多波束声呐、侧扫声呐、浅地层剖面仪和磁力仪等海洋物探设备，及世界首创的"弧形梁非接触文物整体迁移技术"（打捞技术），创造性地融合了核电弧形梁加工工艺、隧道盾构掘进工艺、沉管隧道对接工艺，并运用液压同步提升技术、综合监控系统等目前全球最为先进的高新技术，设计并建造出专用打捞的工程船"奋力轮"，穿梁完成后的弧形梁沉箱装载着古船直接由"奋力轮"从海底提升至中部月池，并转运、卸载至船坞，一艘船完成了提升、运输、卸载三项任务，具有安全性高、操作性强、科技含量高等优点，其有计划主动调查发现、多学科合作、高新科技的应用模式是中国水下考古及文物保护的又一座丰碑。

七　他山之石

庞贝咏

我徜徉在凝固千年的繁华都市，

寂静，宛若空谷回音；

火山沉默着，

俯瞰被他定格成一瞬的千姿百态，

不屈的灵魂，在残垣断壁中，刻写永恒！

"他山之石，可以攻玉。"学习、参考和借鉴他人有效的成功经验从来都是使事业"更上层楼"的方法和保障，作为一门典型的交叉学科，我国的文物保护从一开始就在紧随文化遗产保护的国际大势中借力发展顺势而为，力争走出一条具有"中国特色、中国风格、中国气派"的文物保护之路。

73

国际组织对文物保护的定义

　　"保护"（conservation）就是"为确定任何文化遗产所用材料的性质或特性而采取的任何行动，或在收藏、搬运、处理这些文物时，为了解并控制文物逐渐劣变的原因而采取的行动，以及为改善它们的状况而采取的任何行动"。

74

2022 年国际博物馆协会对博物馆的新定义

2022 年 8 月 24 日，国际博物馆协会颁布了新的博物馆定义，博物馆是为社会服务的非营利性常设机构，它研究、收藏、保护、阐释和展示物质与非物质遗产。博物馆向公众开放，具有可及性和包容性，促进多样性和可持续性。博物馆以专业、道德的方式进行运营和交流，并在社会各界的参与下，为教育、欣赏、深思和知识共享提供多种体验。

由这个定义可知，保护是博物馆五大职责之一，尽管位列第三，但毫无疑问，它是博物馆所有工作正常运转的基础和保障，在研究、收藏、阐释和展示的每一个环节，都要注重对文物的科学管理、日常养护、定期检查和监测，及时发现问题并进行科学规范的保护和修复。

75

全球文物保护的发展历程

我们探讨文物保护作为一门学科的发展历程，必须将目光放到世界范围文物保护概念的兴起和应用，与文物保护有关的法律、法规、文献、研究报告、实验室建设、文物保护相关机构的设立，尤其要以专门培养文物保护技术人才的学校的出现作为转折点，这是学科发展进程中重要的里程碑。

尊重并保护文化遗产的理念，尤其是尊重自己文化传统之外的另一种文化传承的理念，主要起源于 17 ~ 18 世纪在欧美地区兴起的启蒙运动。法国大革命期间，文化遗产的概念在政治动荡中产生，格雷茹瓦教士痛心于历史古迹惨遭破坏，提出保护文化遗产的建议。到了 18 世纪下半叶，著名的英国收藏家汉斯·斯隆爵士为自己的藏品雇用专门的修复师，预防性保护的概念开始出现。

19 世纪中叶，工业革命带来环境剧变，人们亲眼看着室外大型雕塑、古建筑在短短几十年中受损，考古学的发展虽然促使大量文物出土，但挖掘出来的珍宝由于保护不善而损毁严重。与此同时，自然科学研究工作从宏观领域向微观世界不断探索，使分析文物的物质组成及腐蚀机理成为可能，一些自然科学家开始进入文物研究保护行业，文物保护迈入科学发展的新阶段。

世界上第一篇关于文物分析的文章于 1795 年由德国分析化学家马丁·海因里希·克拉普罗特（Martin Heinrich Klaproth）教授发表，文章证明 15 枚古希腊、古罗马硬币的质地为青铜。1807 年，丹麦哥本哈根国家博物馆成立"艺术品保护委员会"，这是最早成立的文物保护组织。1888 年，德国皇家博物馆的弗里德里希·拉什根（Friedrich Rathgen）建立了世界上第一个化学保护科学实验室，是文物保护向科学化转变的标志，他是第一位用系统的科技手段设计并完善保护处理文物的科学家，并于 1898 年出版世界上关于文物保护的第一部专著《古物的保护》（*The Preservation of Antiquities*），这对考古及博物馆文物保护具有深远的影响。

1921 年，英国大英博物馆正式建立了文物保护实验室，1924 年哈罗德·普兰德莱斯（Harold Plenderleith）进入了实验室工作。这个文物保护实验室对确保大英博物馆藏品平安渡过二战时期做出了杰出贡献，其保护工作的主要特点是系统地应用科学方法发展、改进保护技术，出版《古物及艺术品的保护》（*The Conservation of Antiquities and Works of Art*）一书。1930 年，《油画保护修复手册》（*Manual of the Conservation and Restoration of Paintings*）出版；同年，法国卢浮宫设立了文物保护实验室，现在已成为拥有世界一流设备的法国文物保护行业中心，在国家强大的财力支持下，它对全国公立博物馆所做的各种分析检测研究和保护都是免费的。

1930 年，罗马召开了关于艺术品的国际研讨会，第一次正式提出预防性保护的概念。1939 年，意大利罗马中央文物修复学院成立，这是世界上最著名的文物保护研究中心之一，该保护中心四年制的文物保护学校是国际性文物保护科技人员的培训基地。自此，文物保护作为一门学科的地位得以正式确立。创建并领导这家保护中心二十余年（1939~1961）的切萨雷·布兰迪教授（1906~1988）于1963 年出版了著名的《文物修复理论》，书中第一次给出具有现代意义的文物修复定义："在充分尊重文物的历史性、真实性和美学性的同时，多学科共同参与、对文物进行处理的重要行为。"他认为，修复应该旨在重建艺术品的潜在统一性，不要造成艺术造假或者是历史造假，也不要抹杀艺术品在时间长河中留下的痕迹。

1945 年，文化遗产在二战中遭到严重破坏的波兰率先在哥白尼大学艺术系设立文物保护专业，现已成为世界知名的文物保护研究阵地。1946 年，在法国巴黎成立了国际博物馆协会，下设文物保护委员会。1950 年，在英国伦敦成立了古代纪念物保护实验室和国际文物保护协会。1959 年，在意大利罗马成立了国际文化遗产保护研究中心，专为世界各国培训文物保护专业人才，其宗旨是"在国际范围内就保护问题提出建议，协同文物保护活动以及制定保护标准，训练文物修复人员"。1965 年，国际博物馆协会下设两个委员会：一是"馆长委员会"，负责绘画保护；一是"保存委员会"，负责提供科学技术方面的保护。同年，成立了国际遗迹与遗址协会，主要负责管理考古、建筑以及城镇规划等，把遗迹、遗址列入一览表，监察与文物有关的立法等活动。1972 年，加拿大文物保护研究所成立，每年保护处理大量文物并接受全国乃至世界范围的保护技术咨询。1985 年，世界著名的盖蒂保护研究所成立。日本的文物保护机构于 1952 年成立了东京文化财研究所，其前身是 1930 年成立的帝国艺术学院。

76

拉奥孔雕像为什么进行二次修复？

创造性修复

恢复原状

　　著名的群雕拉奥孔石像是公元前 1 世纪古希腊罗得岛的雕像艺术家阿格桑德罗斯等人的作品，表现的是特洛伊城的祭司拉奥孔在他主持祭祀的祭坛上与紧紧缠绕着他和两个儿子的毒蛇做最后的顽强斗争的情景，是表现人类痛苦的最伟大的艺术作品之一。它于 1506 年出土，大理石材质，高 208 厘米，宽 163 厘米，厚 112 厘米，现收藏于罗马梵蒂冈美术馆。

　　拉奥孔的断臂处出土后曾被修复，看起来似乎气韵流畅浑然一体，但后来由于断臂被找到，经过比对茬口确认后才发现修复的部分与原作大相径庭，不得不进行二次修复，恢复成原状，这种就属于没有依据的创造性修复，是文物保护中的大忌。

77

在战争中被炸毁的莫斯塔尔古桥
被评为世界文化遗产的一条标准

建于 16 世纪的莫斯塔尔古桥（两侧是 17 世纪建的碉堡）于 1993 年 11 月 9 日在波黑战争中被摧毁，而这只是在战争中被毁掉的众多历史建筑之一。据 1995 年的一份统计报告，在波黑战争中共有 3226 座被正式列入官方历史建筑名录的建筑被毁或被严重破坏，其中有 1415 座伊斯兰教建筑、309 座天主教建筑及 36 座东正教建筑等。

莫斯塔尔古桥被炸毁之后，2004 年在原址用原材料重建，2005 年莫斯塔尔旧城和旧桥地区（波黑）凭借符合《实施〈世界遗产公约〉操作指南》第六条标准被列入世界文化遗产名录，原因如下。

※ 重建后的古桥和莫斯塔尔旧城是协调和解、国际合作的象征，也是不同文化、种族和宗教社会之间和睦相处的象征。

※ 轰炸前它是一个多族群共存城市的一座历史桥梁。

※ 轰炸中它被克族人赋予了异族穆族人的内涵。

※ 重建后它象征了民族和解。

由此可以看出，莫斯塔尔古桥被评为世界文化遗产，其和解与合作的象征意义更为显著，正如 2020 年国际博物馆日的主题——"致力于平等的博物馆：多元和包容"一样，它是国际社会对于世界文化遗产所肩负的历史使命与社会责任寄予厚望的具体表现。

78

日本美秀美术馆做对了什么？

日本美秀美术馆远离喧闹的都市，建在环境优美的自然保护区信乐山山顶，其由南馆和北馆构成：南馆专门展示世界古代美术作品，如埃及、西亚、希腊、罗马、南亚和中国的美术作品，北馆主要以展示日本美术作品为主。

美术馆挖山而建，其建筑的 80% 埋藏在地下，在填土时修建了 20 多米高的防震墙，将地下库房二层建筑与山体岩石隔开；所有的壁面都使用隔热材料，以防止由室内外温差造成的结霜现象；为了避免建筑上覆盖的土渗水，采用了瑞士生产的具有耐寒和防植物根系侵袭的防水剂，再在上面浇筑水泥；露在地面部分与周围景色融为一体，模仿中国《桃花源记》中的描述，专门建造了直通美术馆的公路、隧道和吊桥，创造了一个曲径通幽的人间仙境。

美术馆建筑本体选用钢管支撑框架和巨大的玻璃幕墙，室内的壁面与地面的材料采用法国生产的淡土黄色的石灰岩，组合玻璃天窗设有滤光作用的淡黄色仿木铝合金格栅，使自然光有选择地倾洒进室内，整体环境明亮舒适，令人愉悦，但这种自然光不会直接照射到展品上，还设有木制的"遮阳帽"。美术馆展厅的照明使用光照度可调控的光纤材料取代对展品有害的发热光源；在展厅、库房内部没有安装空调，而是将其设置在外围，让经过调控，具有适宜温湿度、洁净度的空气缓慢渗透进来，这样美术馆室内空气不会形成对流，从而把对美术品的不良影响控制在最小的程度内。

79

"野马战斗机悖论" 的启示

"野马战斗机悖论"是萨尔瓦多在《当代保护理论》中讲的一个故事，"二战"时期风靡一时的战斗机在战争中及战后一段时间得到精心保养和维修，而到了现在，同样的行为施加在同一个对象上，却被称为"保护"。这个悖论说明保护行为界定的复杂性，只因为在不同时期对处于不同场所的同一个对象施加了相同的行为，就被分别定义为维修和保护。由此也可以看出，保护所具有的不同属性由保护实施的对象（客体）来决定，对于一般物品是"维修"，对于文物就是"保护"。

80

用文物保护理论破解
"忒修斯之船悖论"

　　"忒修斯之船"描述的是一艘可以在海上航行几百年的船，其能航行几百年归功于不断地用新材料维修和替换船上损坏的部件。它只要一块木板腐烂了，就会由新木板将其替换掉，以此类推，直到所有的部件都被新材料替换。问题是，此时这艘完全被新材料替换过的船还是原来的那艘忒修斯之船吗？如果不是原来的船，那么在什么时候它不再是原来的船了？换言之，"忒修斯之船悖论"的实质是一种有关身份更替的悖论。假定某物体的构成要素被全部置换后，它还是原来的物体吗？

　　在文物保护中存在着对破损缺失部位进行替换修补的行为，如果替换修补的部分远远超过文物原有的部分，那这件修复品还是原来的那件文物吗？如果修复材料完全取代了文物的原材料呢？或者文物复制品能代替文物本身吗？这就是文物保护中的"忒修斯之船悖论"，也触及文物保护职业伦理的最核心问题。我们认为，对文物的保护，不仅要按照"不改变文物原状"的原则保护文物本体，更重要的是要保护文物的价值，而价值信息是可以脱离文物物质载体而存在的，这也是当前大力提倡文物的数字化智慧保护的原因。从更长远的视角看，所有的文物物质本体都会消亡，但它上面赋存的价值信息可以通过更智能的方式长久保存下去。归根结底，我们保护的是文物的价值，只要价值存在，就是这件文物保护工作的意义所在，这就是破解"忒修斯之船悖论"的关键。

81

法国拉斯科洞窟岩画的悲惨遭遇

法国拉斯科洞窟岩画经碳十四测年距今已有 17000 年，它是人类历史上最早的绘画艺术作品之一。自 1948 年对公众开放后，短短不到二十年的时间就因为产生"绿菌"而中止了对外开放，只允许特定人员入场，并限制人数和时间，进场人员在进入洞窟前要进行鞋底杀菌。对"绿菌"的杀灭使用的是甲醛溶液喷雾，因此洞窟中开始出现甲醛耐受菌株。2001 年，新一轮霉菌病害暴发，这次的治理方式是反复使用苯扎氯铵灭菌。清理后，拉斯科洞窟暂时关闭了 3 个月。2009 年的取样分析发现，此时洞穴中的病害以对苯扎氯铵具抗性的菌株为主。

拉斯科洞窟岩画病害治理的过程说明对于脆弱的文物，不当的人为干预有时会加重对文物的损害，造成"保护性破坏"。

八 文明的"金色名片"

　　随着社会的进步、文明程度的提高，文物保护越来越受到各国政府的重视，文物保护的水平在一定程度上成为衡量国家文化软实力的重要指标。进入新时代，渴望美好生活的人们为了探索未来而寻根溯源、追寻过去，承认文化遗产的多样性，保留人类发展各阶段有价值的实物遗存和技艺见证，是我们传承历史文化根脉、知古鉴今的首要保证。然而，任何事物都有随着时光的流逝而逐渐劣化乃至消亡的趋势，有着千百年时间经历的文物也不例外。怎样使历尽岁月风霜辗转流传至今的文物尽可能更加长久地存世，也就是说，怎样才能更有效地对抗物质劣变的自然规律，是摆在每一位文物保护工作者面前神圣而艰巨的任务。

作为国家文化软实力建设中的重要内容之一，文物保护是传承和弘扬优秀传统文化的重要保障，也是彰显中华五千年辉煌灿烂文明的"金色名片"，但在商品经济的滚滚大潮中，古老脆弱的历史遗产常常难敌岁月侵袭与部分人的利欲熏心，日渐残破凋零，时常在风雨飘摇中慨叹"普天之下难有立锥之地"！试问：曾有多少文物保护单位被"生产建设性破坏""维修性改建拆除"？多少古遗址、古墓葬被哄抢、爆破、盗掘？多少珍贵文物被瞒天过海走私盗卖、流失海外？又有多少人间瑰宝或成为沽名钓誉的工具，或在暗无天日的库房长年累月承受自然力的蚕食鲸吞？！冰冷的统计数字让人触目惊心……抚今追昔，让我们深刻意识到保护文化遗产刻不容缓！

82

文物保护，谁来做？

这里回答的是关于文物保护工作主体性的问题。之所以将这个问题列为开篇卷首，不仅因为它的重要性，更因为这是许多阅读此书的读者心中最想知道的问题，就如在我的课堂上，经常会被问到：老师，做文物保护需要什么样的门槛？或者直接问：我是学文科的，能做文物保护工作吗？我通常会用"大保护"的理念来做出解答。

《中华人民共和国文物保护法》第七条规定：一切机关、组织和个人都有依法保护文物的义务。因此，从这个层面上讲，"文物保护，人人有责"，这是"大保护"理念的立论基础。而在对文物价值进行研究及挖掘时，尤其需要具有人文、社会、历史等方面的知识储备，所以，文科生是可以从事文物保护工作的。

2021年颁布的《文物修复师国家职业技能标准》中，对文物修复师的定义是：从事文物本体历史、艺术与科学价值研判，保存状况分析，并进行加固、清洗、补全、表面封护等工作的人员。根据文物的材质及特殊技艺需求，文物修复师分为十三类：壁画彩塑、纺织品、金属、石质、陶瓷、纸张书画、出土（水）竹木漆器、土遗址、木作、泥瓦作、油漆作、石作、彩画作文物修复师；每一类根据技艺的高低及从业时间长短分为五级：五级/

初级工、四级／中级工、三级／高级工、二级／技师、一级／高级技师。文化程度相当于初中毕业、从事相关职业满一年即可报考初级文物修复师。

具体到文物本体的保护，《中华人民共和国文物保护法》第八条规定：国务院文物行政部门主管全国文物保护工作；地方各级人民政府负责本行政区域内的文物保护工作；县级以上地方人民政府承担文物保护工作的部门对本行政区域内的文物保护实施监督管理；县级以上人民政府有关行政部门在各自的职责范围内，负责有关的文物保护工作；国有文物保护修复由具有相应资质的科研机构按照规定程序提交方案、报批、审核并实施。

毫无疑问，由于我国幅员辽阔、历史悠久，各个历史时期遗留下来的文物品类繁多，病害现象极为复杂，因此，一名优秀的文物保护修复人员最好具有比较广博的尤其是理工科的专业知识，才能更好地理解材料性质及文物劣变机理，从而实施科学有效的保护措施。而一项大型保护课题和工程通常需要多学科、多领域人员的共同合作，因此同样需要文科专业背景的人员。

未经正规文物保护操作训练的人不得直接接触文物。

83

文物保护，到底保护什么？

这个问题是关于文物保护工作的客体，也就是文物的定义、内涵和外延。

在文物保护领域，文物是指人类社会发展进程中具有历史、科学、艺术价值的遗迹遗物，是在一系列法律法规制约下，受国家保护的物质及非物质文化遗产。

根据文物体量大小及其与周围环境的关系，具体划分为可移动文物和不可移动文物。可移动文物指单件文物，也包括保存在不可移动文物中的附属文物，分为珍贵文物及一般文物，其中珍贵文物根据历史、科学和艺术价值分为一级、二级、和三级文物。

不可移动文物通过被核定为文物保护单位予以法律保护，根据历史、科学、艺术价值的不同被分别评定为全国重点文物保护单位，省级、市级、县（区）级文物保护单位。其中不可移动的实物遗存，如古文化遗址、古墓葬、古建筑、石窟寺、石刻、近现代重要史迹及代表性建筑，以及由国家公布予以保护的历史文化街区（村镇），又被称为"文物古迹"。

《中华人民共和国文物保护法》第二条规定，在中华人民共和国境内，下列文物受国家保护。

（1）具有历史、艺术、科学价值的古文化遗址、古墓葬、古建筑、石窟寺和石刻、壁画；

（2）与重大历史事件、革命运动或者著名人物有关的以及具有重要纪念意义、教育意义或者史料价值的近代现代重要史迹、实物、代表性建筑；

（3）历史上各时代珍贵的艺术品、工艺美术品；

（4）历史上各时代重要的文献资料以及具有历史、艺术、科学价值的手稿和图书资料等；

（5）反映历史上各时代、各民族社会制度、社会生产、社会生活的代表性实物。

具有科学价值的古脊椎动物化石和古人类化石同文物一样受国家保护。

2005 年，国务院发布《关于加强文化遗产保护的通知》，决定自 2006 年起，每年 6 月的第二个星期六为我国的"文化遗产日"（自 2017 年起改为"文化和自然遗产日"）。可以看出，从文物到文化遗产，概念的内涵与外延不断扩大和加深，这与国家文化战略及文物保护事业不断发展进步密切相关。自此，我国的文物保护走向更广阔的文化遗产保护，强调保护文化遗产的真实性和整体性，工业遗产、老字号遗产、遗址公园、大遗址群、线性文化遗产的概念相继提出，保护范围不仅包括文物本体，还注重保护其所赋存的环境景观；不仅重视静态遗产保护，还注重遗产的动态和活态保护；不仅包括有形的物质文化遗产，还包括通常以传统民俗文化形式存在的非物质文化遗产，如口头文学、表演艺术、民俗活动、礼仪与节庆、医药与历法、手工技艺等，以及相关的实物与场所，建立了非物质文化遗产代表性项目名录体系，确定非物质文化遗产代表性传承人制度，并予以支持和资助。

84

文物保护领域
对文物的理解与考古学、博物馆学
一样吗？

　　文物保护的研究对象也是文物，但与考古学和博物馆学对文物的研究侧重点不同。由于学科研究目的不同，传统考古学和博物馆学通常关注文物的宏观层面，如形制、纹饰、时代特征、器型演变规律等。文物保护主要从文物的材质组成、微观结构、腐蚀劣变机理以及环境因素的影响等方面阐述文物劣变的一般规律，结合相关的政策、法律、法规等，寻找保护文物的最佳途径，最终目的是延缓文物材质的自然劣变，尽量杜绝自然与人为因素的破坏，从而使文物尽可能长久地存世。

85

文物有哪些主要价值？

文物主要具有三大价值：历史价值、艺术价值和科学价值。对于强调传统文化传承的非物质文化遗产，除了具有以上三大价值外，还要求具有文化价值。而对于具有突出普遍价值（Outstanding Universal Value，OUV）的世界文化与自然遗产，还需要强调其社会价值。我国现阶段文物保护要求根据文物的价值确定级别，实施分级保护制度，因此文物价值的评估处于保护工作的首要位置，是其后所有保护程序的决策基础。

（1）历史价值

文物是一定历史时期人类社会活动的产物，能够展现人类历史的相关方面，对历史文献具有证明、纠正或补充的作用。

（2）艺术价值

文物的艺术价值内涵丰富，包括审美、欣赏、借鉴以及美术史料等方面。这些具有民族特色的文化艺术作品是了解中华民族文化艺术传统的重要资料，也是艺术创造的源泉。

（3）科学价值

文物的科学价值主要指文物所反映的科学、技术水平，包括知识、科学、技术内涵。它们为各个方面的专门史提供了丰富而重要的资料，对人类科学技术的不断创新具有重要的启发和借鉴意义。

86

文物保护能提高文物的价值吗？

文物保护的最终目的就是保护文物的价值及其所赋存的实体。文物的价值是其本身固有的，保护并不能提高它的价值，但保护不当会损害、降低文物的价值。随着科学技术水平和人们认识的提高，文物的价值会被重新审视和认定。

87

如何正确理解文化与自然遗产的
突出普遍价值（OUV）？

正确理解文化与自然遗产"突出普遍价值"的关键是回到词语的原生语境（context）。在《保护世界文化和自然遗产公约》中，第一部分关于文化与自然遗产的定义多次提到"突出普遍价值"，举例如下。

monuments: architectural works, works of monumental sculpture and painting, elements or structures of an archaeological nature, inscriptions, cave dwellings and combinations of features, which are of **outstanding universal value** from the point of view of history, art or science;

groups of buildings: groups of separate or connected buildings which, because of their architecture, their homogeneity or their place in the landscape, are of **outstanding universal value** from the point of view of history, art or science;

sites: works of man or the combined works of nature and man, and areas including archaeological sites which are of **outstanding universal value** from the historical, aesthetic, ethnological or anthropological point of view.

从原文可以看出，只有在历史、艺术、科学等方面具有 outstanding universal value 的才可以被称为世界文化与自然遗产。outstanding 和 universal 作为并列的形容词修饰名词 value（价值），outstanding 有"突出的、杰出的"含义，universal 有"普遍的、普世的"含义，我国将其翻译为"突出普遍价值"。但"突出"一词在汉语中有多种含义，既可以作形容词"优秀的、杰出的"之意，也可以作动词"突出重点、突出重围"之意，如果在这里将其理解为后者，显然与原语境中 outstanding 的含义不同，因此，从"信、达、雅"的翻译要求来看，也许将其翻译成"杰出普遍价值"更合适，也更贴近《保护世界文化和自然遗产公约》的原意。

《实施〈世界遗产公约〉操作指南》对 outstanding universal value 进 行 了 解 释。英 文 原 文 为：Outstanding Universal Value means cultural and/or natural significance which is so exceptional as to transcend national boundaries and to be of common importance for present and future generations of all humanity. 翻译成中文为：杰出普遍价值是指其文化和（或）自然意义非常卓越，以至于超越了国界的限制，对当今和未来的全人类都具有同样的重要性。

《实施〈世界遗产公约〉操作指南》对具有杰出普遍价值的世界文化与自然遗产列出六条标准。

（1）表现人类创造力的经典杰作；

（2）在一段时期内或世界某一文化区域内对建筑、技术、古迹艺术、城镇规划或景观设计的发展产生重大影响，促进人类价值观的交流；

（3）能为延续至今或业已消失的文明或文化传统提供独特的或者至少是特殊的见证；

（4）展现人类历史上一个（或几个）重要阶段建筑类型、建筑或技术组合，或景观的杰出典范；

（5）是传统人类聚落、土地使用或海洋开发的杰出范例，代表一种（或几种）文化或人类与环境的相互作用，特别是当它面临不可逆变化的影响而变得易于损坏时；

（6）与具有杰出普遍价值的事件、活的传统、观点、信仰、艺术或文学作品有直接或实质的关系。

被评定为世界文化与自然遗产通常需要符合上述两条或两条以上标准（特殊情况除外）。

88

文物的特性

　　一般来说，受国家保护的文物具有珍贵性、脆弱性、不可替代性、不可再生性、权属国有性（特殊除外）、世代传承性和公益教育性等特性。也就是说，只有具备了以上所有或大部分特性的才能当之无愧地被称为文物。

89

文物的分类

在文物保护领域，一般按照文物的材质组成及赋存环境特点进行分类。按材质组成文物可分为无机材料类文物、有机材料类文物和复合材料类文物；按文物赋存的环境特点分为出土（水）文物、馆藏文物、室外露置文物等。

（1）无机材料类文物

无机材料类文物包括金属质地文物和无机非金属质地文物。常见的金属质地文物有青铜器、铁器、金银器、铅锡器等。无机非金属质地文物是指以硅酸盐类的土壤、岩石、矿物为主要原料的文物，如陶瓷砖瓦、土质文物（土遗址）、彩绘泥塑、壁画、石质文物、玉器、玻璃器、珐琅器等。

（2）有机材料类文物

有机材料类文物是指主要以动植物机体为原料制成的文物，包括纸质文物（古书籍、书画、经卷等）、纺织品（棉、麻、丝、毛等）、竹木漆器、骨角牙器、皮革和古尸等。

（3）复合材料类文物

在实际情况中，大多数文物由两种或两种以上材料组成。例如，泥塑由可塑性泥土和骨架（石、木）组成；壁画由地仗层、泥层和画面层组成；漆器由漆皮和内胎（木、金属、麻等）组成……严格地说，这一类文物应统称为复合材料类文物，对它们进行保护时，应分别根据不同质地采取不同的措施，并综合考虑其相互之间的影响，寻找不同质地材料对环境要求的交叉点、平衡点，两害相权取其轻，特别要注意保持恒温、恒湿，避免环境突变。

无机材料类文物

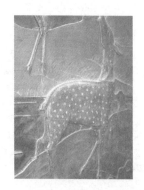

有机材料类文物

90

不可移动文物的保护

　　国家对不可移动文物保护单位实施属地管理、分级保护制度。按照历史价值、科学价值和艺术价值分别划定为全国重点文物保护单位、省级文物保护单位、市级文物保护单位及县（区）级文物保护单位。要做好不可移动文物保护工作，首先要明确数量、分布、保存状况及级别，各级文物保护单位要完成"四有"①工作建设，对于遗迹现象丰富的大型考古遗址要做好大遗址总体保护规划，贯彻落实国家的系统性、整体性的"大遗址保护"理念。

①有保护范围、有标志说明、有记录档案、有专门机构或专人负责管理。

91

文物保护的一般定律

由于文物保护涉及的学科广泛，研究内容复杂，缺乏对能够统领整个学科的理论探讨，因此有学者甚至质疑文物保护能否作为一门独立的学科，因此，我们尝试总结了在文物保护领域普适的原则或定律。

定律一：所有文物终将消亡，此过程不可逆，只能延缓，不能阻止；作为物质实体的所有文物都遵循能量越低越稳定的原则；所有与延缓文物消亡有关的行为都可被称为文物保护。

定律二：文物保护以符合职业伦理且专业的方式让物质与非物质遗产更长久地存世；文物保护包括本体保护、整体保护和数字化智慧保护；文物保护贯穿考古、文物工作始终。

定律三：对于处于稳定状态的文物遵循最小干预原则；对于需要修复保护的文物遵循不改变文物原状、可再处理和退让原则；对于濒危状态文物需要启动应急机制，尽量保存物质实体及进行数字化智慧保护。

92

中国的文物保护制度

在我国，文物被划分为可移动文物和不可移动文物，实行属地管理、分级保护制度。可移动文物包括珍贵文物和一般文物，珍贵文物分为三个等级：一级、二级、三级。不可移动文物又称文物古迹，根据其价值分别确定为全国重点文物保护单位、省级文物保护单位、市级文物保护单位和县区级文物保护单位，并分别核定为一级风险单位（全国重点文物保护单位）、二级风险单位（省市级文物保护单位）和三级风险单位（县区级文物保护单位），按照要求进行一级、二级、三级防护。

文物古迹丰富且具有重大历史文化价值的城市、街道和村镇分别被确定为历史文化名城、历史文化街区、历史文化村镇，由文物行政主管部门会同城乡规划部门进行保护规划，实施保护管理。保护传统村落、划定国家遗址公园已成为当今文物保护的新趋势。

93

文物保护的"七字真经"

《中华人民共和国文物保护法》第二十一条规定："对不可移动文物进行修缮、保养、迁移，必须遵守不改变文物原状的原则。"

第二十六条规定："使用不可移动文物，必须遵守不改变文物原状的原则……"

第四十六条规定："修复馆藏文物，不得改变馆藏文物的原状。"

《中国文物古迹保护准则》第九条规定："不改变原状，是文物古迹保护的要义。"

因此文物保护工作首先要遵循"不改变文物原状"的原则，这是以法律形式确定的文物保护基本原则，是在任何情况下都不允许违背的"七字真经"。

94

文物的始状、原状、现状

（1）文物的始状指的是文物在最开始被制作出来或最初被使用、利用时的状态，也叫作初始状态。在现代文物保护中切忌将文物恢复到初始状态，要保留有价值的历史遗痕。

（2）文物的原状指的是文物的各要素包括材料、结构、布局、式样和制作工艺等初始状态与有价值的历史遗痕叠加的总和。未经改变的原状必须保留，已改变的部分则需要根据其价值评估的结果判断是保留现状还是恢复原状。

（3）文物的现状指的是文物历经时间长河洗礼之后的现存状态，包括文物的初始状态与历史遗痕的叠加总和。其中有价值的历史遗痕需要保留，没有价值的历史遗痕需要去除。文物保护就是依据价值评估尽可能多地保留"各个时期有价值的遗存"及"重要事件和重要人物遗留的痕迹"等历史信息。

（4）在修整和修复中应正确把握审美标准，不必追求风格、式样一致。

95

文物保护单位的"四有"

《中国文物古迹保护准则》第十二条规定了文物保护单位的"四有"工作，指的是有保护范围、有标志说明、有记录档案、有专门机构或专人负责管理。保护范围以外，还应划出建设控制地带，以保护文物古迹相关的自然和人文环境。在我国《"十四五"文物保护和科技创新规划》中，要求到 2025 年，全国重点文物保护单位和省级文物保护单位完成"四有"工作建设，并将"两线"（保护范围和建设控制地带）纳入各级国土空间规划。

96

文物古迹保护的"国七条"

2000 年，由中国国家文物局与美国盖蒂保护所、澳大利亚遗产委员会合作编制的《中国文物古迹保护准则》印发颁行。它在对中国当时的文物保护工作进行充分总结的基础上，明确了文物保护工作的基本程序和基本原则，澄清了当时文物保护工作中存在的一些争议，提升了中国文物保护的理论水平，规范了中国文物保护的实践工作，促进了中国和国际文物保护理论的交流和学习。

2015 年，我国修订了《中国文物古迹保护准则》，新版准则科学构建了中国文化遗产保护从价值认知到保护原则，再到保护实践的完整体系，是对 2000 年以来中国文化遗产保护理论与实践发展的科学分析和总结。

其中第二章"保护原则"被称为文物古迹保护的"国七条"。主要内容如下。

（1）不改变原状：是文物古迹保护的要义。它意味着真实、完整地保护文物古迹在历史过程中形成的价值及其体现这种价值的状态，有效地保护文物古迹的历史、文化环境，并通过保护延续相关的文化传统。

（2）真实性：是指文物古迹本身的材料、工艺、设计及其环境和它所反映的历史、文化、社会等相关信息的真实性。对文物古迹的保护就是保护这些信息及其来源的真实性。与文物古迹相关的文化传统的延续同样也是对真实性的保护。

（3）完整性：文物古迹的保护是对其价值、价值载体及其环境等体现文物古迹价值的各个要素的完整保护。文物古迹在历史演化过程中形成的包括各个时代特征、具有价值的物质遗存都应得到尊重。

（4）最低限度干预：应当把干预限制在保证文物古迹安全的程度上。为减少对文物古迹的干预，应对文物古迹采取预防性保护。

（5）保护文化传统：当文物古迹与某种文化传统相关联，文物古迹的价值又取决于这种文化传统的延续时，保护文物古迹的同时应考虑对这种文化传统的保护。

（6）使用恰当的保护技术：应当使用经检验有利于文物古迹长期保存的成熟技术，文物古迹原有的技术和材料应当保护。对原有科学的、利于文物古迹长期保护的传统工艺应当传承。所有新材料和工艺都必须经过前期试验，证明切实有效，对文物古迹长期保存无害、无碍，方可使用。所有保护措施不得妨碍再次对文物古迹进行保护，在可能的情况下应当是可逆的。

（7）防灾减灾：及时认识并消除可能引发灾害的危险

因素，预防灾害的发生。要充分评估各类灾害对文物古迹和人员可能造成的危害，制定应对突发灾害的应急预案，把灾害发生后可能出现的损失减到最小程度。对相关人员进行应急预案培训。

97

文物保护的"四项原则"

2015 年《中国文物古迹保护准则》中的"国七条"是对不可移动文物古迹的保护原则，其主旨亦适用于单件文物和附属于文物古迹的可移动文物的保护，归纳起来，主要有以下四点，简称"四项原则"。

（1）不改变文物原状，修旧如旧。保留有价值的岁月痕迹、古斑、附属物残痕；修复应遵循原材料、原结构、原工艺、原样式、原环境；要有可识别性标示；不可创造性修复；新材料要与原材料具有兼容性；保护方法和材料具有可再处理性；要经过严格试验和检验，具有安全耐久性。

（2）提倡预防性保护。对文物本体尽量最少介入或零介入，调控最佳环境，保持环境稳定，防止环境突变，重视日常养护，对可能的灾害要有应急预案。

（3）传统制造工艺与现代科技相结合，传统修复工艺与现代先进技术相结合，遵守严格的试验和审批程序。

（4）保护和管理、利用并重，注重细节，全程参与。保护要贯穿文物工作的始终，如发掘（起取和现场保护）、包装、运输、搬运、陈列、收藏，以及文物研究工作中的照相、称重、测量、绘图、做卡、制作拓本等环节。

98

文物修复保护的退让原则

　　文物修复保护的退让原则主要指的是使修复补全的部位具有可识别性，对于残缺部位，修复后应退置到第二层面，以稍淡的色调或略低的表面与文物本体相区别，所有修复补全都应有科学准确的依据，不能进行创造性修复。

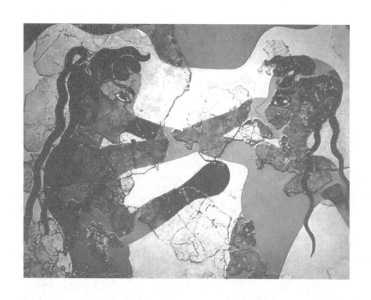

99

新时代的文物保护理念

　　新时代，我国的文物保护遵循系统性、整体性和预防性保护并重的理念，同时强调文物的保护、管理和利用并重，"让文物活起来"，服务于国家重大文化战略建设，积极推动国家遗址公园和文化公园建设，在国土空间规划中进一步加强文物保护管理。

100

新时代的文物工作方针

《中华人民共和国文物保护法》（2002年）第四条规定，文物工作贯彻"保护为主、抢救第一、合理利用、加强管理"的方针，简称"十六字工作方针"，在我国实行了20年。2022年7月22日，全国文物工作会议提出了新时代文物工作的"22字方针"："保护第一、加强管理、挖掘价值、有效利用、让文物活起来"，将文物保护工作由之前的"保护为主、抢救第一"改为"保护第一、加强管理"，由此看来，进入新时代，我国已经把前一阶段"救火队员"性质的文物保护工作提升到文物工作中首位的高度，进一步突出了文物保护的重要性，同时强调保护、管理与利用齐头并进的新发展态势。

图书在版编目（CIP）数据

国宝有故事：文物保护那些事儿 / 刘爽著. -- 北
京：社会科学文献出版社，2024.5
（吉林大学哲学社会科学普及读物）
ISBN 978-7-5228-2567-0

Ⅰ.①国… Ⅱ.①刘… Ⅲ.①文物保护－问题解答
Ⅳ.①K85-44

中国国家版本馆CIP数据核字(2023)第187645号

吉林大学哲学社会科学普及读物
国宝有故事：文物保护那些事儿

著　　者 / 刘　爽

出 版 人 / 冀祥德
组稿编辑 / 恽　薇
责任编辑 / 宋淑洁　陈凤玲
责任印制 / 王京美

出　　版 / 社会科学文献出版社（010）59367226
　　　　　地址：北京市北三环中路甲29号院华龙大厦　邮编：100029
　　　　　网址：www.ssap.com.cn
发　　行 / 社会科学文献出版社（010）59367028
印　　装 / 三河市东方印刷有限公司

规　　格 / 开　本：889mm×1194mm 1/32
　　　　　印　张：9.125　字　数：119千字
版　　次 / 2024年5月第1版　2024年5月第1次印刷
书　　号 / ISBN 978-7-5228-2567-0
定　　价 / 79.00元

读者服务电话：4008918866